T0061983

Innovación

Innovación
Una breve introducción
Mark Dodgson y David Gann

Traducción de Dulcinea Otero-Piñeiro

Antoni Bosch editor, S.A.U.
Manacor, 3, 08023 Barcelona
Tel. (+34) 206 07 30
info@antonibosch.com
www.antonibosch.com

ISBN: 978-84-949331-6-5
Depósito legal: B 19123-2019

Diseño de cubierta: Compañía
Maquetación: JesMart
Corrección: Ester Vallbona
Impresión: Prodigitalk

Para Sheridan y Anne

Índice

Prólogo

Cuando nosotros nacimos, no hace tanto, no había tecnologías de la información ni cadenas privadas de televisión, y viajar en avión era infrecuente y todo un lujo. Nuestros padres nacieron en un mundo más distinto aún al de hoy, en el que la televisión no se había inventado y no existían la penicilina ni el pescado congelado. Cuando nacieron nuestros abuelos no había motores de combustión interna ni aviones ni cines ni aparatos de radio. Nuestros bisabuelos llegaron a un mundo sin bombillas ni coches ni teléfonos ni bicicletas ni refrigeradores ni máquinas de escribir, y seguramente su estilo de vida se parecía más al de un campesino romano que al nuestro actual. En el espacio relativamente breve de 150 años nuestra vida en casa y en el trabajo se ha visto completamente transformada por la aparición de nuevos productos y servicios. La razón por la que el mundo ha cambiado tanto se explica en buena medida a través de la innovación.

Esta breve introducción define la innovación como ideas aplicadas con éxito, y explica por qué tiene la capacidad de afectarnos tanto. Describe cómo se produce la innovación; qué y quién la impulsa; cómo se persigue y organiza, y cuáles son sus resultados, tanto los positivos como los negativos. Defiende que la innovación es esencial para el progreso social y económico, y que, sin embargo, supone un reto inmenso y está plagada de errores. Desvela que hay numerosos agentes que contribuyen a ella y que adopta formas diversas, lo que aumenta su complejidad. Ofrece un análisis del proceso de innovación; las maneras en que las organizaciones manejan sus recursos para innovar, y los resultados finales de la innovación, que pueden ser de lo más variado.

Las innovaciones se encuentran no solo en las actividades que realizan las organizaciones, sino también en la forma en que las llevan a cabo. El proceso de innovación atraviesa en la actualidad un periodo de cambio estimulado en gran parte por las oportunidades que ofrece el empleo de las nuevas tecnologías digitales. Las fuentes potenciales de innovación aumentan con rapidez. Así, por ejemplo, hay más científicos e ingenieros vivos ahora mismo que todos los que ha habido en la historia pasada. Además, el foco de la innovación está cambiando a medida que las economías se ven dominadas por el sector de los servicios, y la posesión del conocimiento, o el acceso a él, tiene cada vez más valor en comparación con los objetos físicos. La innovación se está volviendo más internacional y ahora están surgiendo nuevas fuentes importantes de innovación en China, India y otros lugares fuera de las potencias industriales de Europa, América del Norte y Japón. Estudiaremos hasta qué punto nuestros conocimientos acerca de la innovación, adquiridos a lo largo del siglo pasado o más, podrían aplicarse para lidiar con las incesantes transformaciones y turbulencias que presenciaremos en la economía mundial en el futuro.

Los tres primeros capítulos explican qué es la innovación, su relevancia y sus resultados. Los capítulos siguientes examinan los agentes que contribuyen a la innovación y cómo está organizada, y especulan sobre su futuro.

Nuestra comprensión de la innovación se basa en el estudio que hemos realizado en innumerables organizaciones innovadoras de todo el mundo y en lo que hemos aprendido a partir de los esfuerzos combinados de numerosos especialistas dentro de la comunidad internacional que estudia la innovación. Damos gracias a todos esos innovadores, y estudiosos de la innovación, que vuelven tan emocionante y gratificante nuestro viaje. Y gracias sobre todo a Irving Wladawsky-Berger y Gerard Fairtlough, dos grandes innovadores que han ejercido una influencia enorme en nuestro pensamiento.

La innovación es cambio, y esta segunda edición examina cuestiones que ahora despiertan interés, pero que no existían o eran poco apreciadas cuando escribimos la primera edición. Algunos cambios han ocurrido muy deprisa: los teléfonos inteligentes no aparecieron hasta el año 2010, y se calcula que tendrán 3.000 millones de usuarios en 2020. Algunas de las nuevas tecnologías que describimos han tenido una influencia profunda en la innovación en un espacio de tiempo muy breve. Hasta hace poco ciertos aspectos del aprendizaje de máquinas solo existían en el ámbito de la ciencia ficción, y el torrente de datos disponibles propulsa gran parte de la innovación contemporánea. La velocidad de crecimiento de compañías dedicadas a sectores tales como la economía colaborativa y los vehículos eléctricos no tiene precedentes. En el campo del comercio electrónico, Amazon ha pasado en veinte años de ser una *start-up* a convertirse en una compañía con unas ventas anua-

13

les que sobrepasan los 100.000 millones de dólares. El entusiasmo por la innovación en países como China e India era previsible, pero sus dimensiones y la forma en que se ha integrado en las políticas nacionales, estrategias organizativas y ambiciones personales es absolutamente nueva. Estos cambios alimentan nuestra intención de informar al lector sobre las mejores ideas del pasado y sobre la naturaleza contemporánea de la innovación, y nos animan a especular sobre cómo será en el futuro.

Relación de ilustraciones

1
Josiah Wedgwood: el mayor innovador del mundo

Empecemos con el estudio de un innovador ejemplar, un hombre que nos desvela gran cantidad de cosas sobre los quehaceres de un innovador. Fue el fundador de una firma duradera y reputada mediante la introducción de innovaciones sustanciales en los productos fabricados, los métodos para producirlos y la forma en que creaban valor tanto para él como para sus clientes. Realizó aportaciones relevantes para la construcción de una infraestructura nacional, ayudó a crear una industria regional dinámica, abrió nuevos mercados de exportación e influyó positivamente en las políticas gubernamentales. Su notable aportación científica fue reconocida con su nombramiento como miembro de la Royal Society. Fue un genio del *marketing* y conectó el mundo de las ciencias y de las artes a través de una concepción absolutamente novedosa del diseño industrial. Su aportación más relevante fue la forma en que mejoró la calidad de vida y de trabajo en la sociedad en la que vivió. Él es el alfarero Josiah Wedgwood (1730-1795; figura 1).

Wedgwood, nacido en el seno de una familia modesta de alfareros del condado inglés de Staffordshire, fue el más pequeño de trece hermanos y perdió a su padre siendo aún un niño. Lo pusieron a trabajar como alfarero a los 11 años. Padeció un ataque severo de viruela durante la infancia y aquello tuvo una gran repercusión en su vida. En palabras de William Gladstone, su enfermedad «le metió el espíritu hacia dentro, lo llevó a reflexionar sobre las leyes y los secretos de su arte […] y fabricó para él […] un oráculo de su propia mente inquieta, inquisitiva, meditabunda, productiva». Durante la primera parte de su carrera, trabajó en asociación con varias personas estudiando cada rama de la fabricación y venta de la cerámica. Para cuando fundó su propio negocio, a los 29 años de edad, Wedgwood ya dominaba todos los aspectos de la industria alfarera.

A mediados de la treintena, la cojera derivada de la viruela se convirtió en una limitación excesiva y le amputaron la pierna, por supuesto sin ayuda de antisépticos ni de anestesia. Como prueba de su energía y de su fuerza, un par de días después ya estaba escribiendo cartas. Unas pocas semanas más tarde sufrió la trágica pérdida de uno de sus hijos, pero regresó al trabajo al mes de celebrarse el funeral.

A mediados del siglo XVIII la industria alfarera europea llevaba unos 200 años dominada por las importaciones procedentes de China. La porcelana china, inventada unos 1.000 años antes, había alcanzado una calidad en los materiales y el vidriado inigualable.

Era muy valorada por la gente acaudalada, pero demasiado cara para las clases industriales en expansión, cuyos ingresos y aspiraciones fueron en aumento durante este periodo de la Revolución Industrial. Las restricciones comerciales a esos productos chinos encareció aún más el precio de las importaciones a Gran Bretaña. Era una situación propicia para que la inno-

Figura 1. Josiah Wedgwood, el mayor innovador del mundo.

vación ofreciera una porcelana atractiva y asequible a un mercado de masas.

Wedgwood fue un innovador en el producto, porque buscó sin cesar la novedad en los materiales utilizados, así como en los esmaltes, colores y el diseño formal de sus piezas. Realizó exhaustivos experimentos de ensayo y error para lograr la mejora constante de la calidad eliminando impurezas y obteniendo resultados más predecibles. Su lema favorito era «todo se presta a la experimentación». Algunas innovaciones resultaron de mejoras graduales en productos ya existentes. Refinó la cerámica de color crema que producía la industria del momento y la transformó en una cerámica de alta calidad y muy versátil en tanto que podía usarse en un torno de alfarero, en un torno mecánico o con molde. Tras fabricar una vajilla para la reina Carlota, esposa del rey Jorge III del Reino Unido, y recibir su aprobación, bautizó aquella creación suya como «Vajilla de la reina». Otras innovaciones fueron más rompedoras. En 1775, tras unos 5.000 experimentos documentados, a menudo difíciles y costosos, creó Jasper, una porcelana fina que solía ser de color azul. Aquella fue una de las innovaciones más importantes desde la invención de la porcelana. Más de 200 años después, la compañía Wedgwood todavía fabricaba sus principales innovaciones en productos.

Colaboró con numerosos artistas y arquitectos en el diseño de sus piezas, entre quienes figuran George Hepplewhite, el fabricante de muebles, el arquitecto Robert Adam y el artista George Stubbs. Uno de sus grandes logros consistió en la aplicación del diseño a la vida cotidiana. El prestigioso escultor John Flaxman, por ejemplo, creó tinteros, candelabros, sellos, tazas y teteras. Imprimieron elegancia a artículos que antes carecían por completo de atractivo.

Wedgwood buscaba ideas para sus diseños en todas partes, desde los propios clientes, hasta amigos y rivales. Miraba en museos y en grandes mansiones, y husmeaba en tiendas de antigüedades. Encontró una fuente valiosa de diseños en un círculo de damas artistas diletantes de buena familia. Parte de la estrategia triunfal de Wedgwood para trabajar con artistas se debió, según Llewellyn Jewitt, su biógrafo del siglo XIX, al empeño que puso en «afilar la imaginación y la capacidad del artista enfrentándolo al talento de otros».

En un discurso que pronunció William Gladstone, una generación posterior al fallecimiento de Wedgwood, dice sobre el alfarero:

Su mayor mérito y el más característico radicaba... en la solidez y la amplitud de su concepción de la verdadera ley de lo que llamamos arte industrial, en otras palabras, la aplicación del arte más excelso a la industria: la ley que nos enseña a aspirar en primer lugar a conferir a todos los objetos el mayor grado posible de adecuación y conveniencia para su función, y después a convertirlos en vehículos para el máximo nivel de belleza, que deberá ser compatible con la adecuación y la conveniencia: lo cual no sustituye la finalidad primaria por la secundaria, sino que reconoce como parte del trabajo el estudio para armonizar ambas cosas.

En sus innovaciones para el proceso de fabricación, Wedgwood introdujo la máquina de vapor en su fábrica y, como consecuencia, la industria alfarera de Staffordshire fue la primera en adoptar esta nueva tecnología. La máquina de vapor conllevó muchos cambios para los procesos de producción. Antes, las fábricas de cerámica estaban lejos de los molinos destinados a mezclar y moler las materias primas. La instalación de la energía en el mismo lugar de fabricación supuso una reducción considerable de los gastos en transporte. Asimismo mecanizó los procesos de modelado y torneado de la cerámica, previamente accionados con el pie o con la mano. La tecnología mejoró la eficiencia de la misma manera que el empleo de tornos para recortar, estriar y cuadricular productos mejoró la capacidad de producción.

Le preocupaba la calidad y destinó sumas ingentes a destruir y rehacer hornos para mejorar su rendimiento. Conocido por no tolerar una calidad mediocre en sus productos, cuenta la leyenda que rondaba por la fábrica rompiendo las piezas que consideraba deficientes y escribiendo con tiza «esto no sirve para Josiah Wedgwood» sobre los bancos de trabajo de los responsables.

Uno de los desafíos constantes de la fabricación de cerámica era la medición de las elevadas temperaturas dentro de los hornos para controlar el proceso de producción. Wedgwood inventó un pirómetro, o termómetro, para medir esas temperaturas, y por este logro fue nombrado miembro de la Royal Society en 1783.

Muchos de los productos más populares de Wedgwood se fabricaban en grandes cantidades con formas sencillas que con posterioridad decoraban los diseñadores según las tendencias de moda. Otros artículos más especializados se fabricaban en lotes pequeños y muy variados que cambiaban con rapidez de color, tendencia, estilo y precio de acuerdo con los dictámenes del mercado. Subcontrataba la fabricación de algunos productos y su decoración para reducir sus propias existencias. Cuando los pedidos superaban su capacidad de fabricación, contrataba a otros alfareros. El innovador sistema de producción de Wedgwood tenía por objeto reducir al mínimo el riesgo del propietario y los costes fijos. Estaba tan pendiente de los costes que en cierta ocasión se lamentó de que, a pesar de que sus ventas eran más altas que nunca, los beneficios eran mínimos. Estudió las estructuras de gastos y llegó a valorar las economías de escala intentando evitar la fabricación de jarrones únicos «al menos hasta que encontremos una forma más metódica de repetir los del mismo tipo».

Wedgwood innovó en la forma de organizar el trabajo. Sus novedosas ideas organizativas se introdujeron en una industria esencialmente campesina con prácticas laborales primitivas. Cuando Wedgwood fundó su fábrica principal en el condado de Staffordshire, Etruria, aplicó los principios de la división del trabajo que propugnaba su contemporáneo Adam Smith. Sustituyó las anteriores técnicas de producción artesana, donde un trabajador fabricaba el producto completo, por especialistas centrados en un elemento específico del proceso de fabricación para mejorar la eficiencia. La artesanía progresó, lo que permitió, por ejemplo, que los artistas mejoraran la calidad de los diseños, y la innovación prosperó. Presumía con orgullo de haber «convertido a meros hombres en artistas».

Wedgwood pagaba sueldos algo más elevados que la media local e invirtió con profusión en la formación de los empleados y el desarrollo de sus habilidades. A cambio exigía puntualidad haciendo sonar un timbre para convocar a los trabajadores, el empleo de un sistema rudimentario para fichar, horarios fijos y una asistencia constante; estándares elevados de esmero y limpieza; evitar la producción de residuos, y respetar la prohibición de beber. A Wedgwood le preocupaba la salud y la seguridad, sobre todo en relación con los peligros omnipresentes del envenenamiento con plomo. Insistía en el empleo de los métodos adecuados de limpieza, de la ropa de trabajo y de las instalaciones para el aseo personal.

Como innovador empresarial creó valor uniéndose a socios externos de maneras diversas. Innovó en cuanto a fuentes de abastecimiento y de distribución, usó con astucia las relaciones personales y empresariales en su beneficio e introdujo una cantidad notable de innovaciones para la comercialización y las ventas minoristas.

Wedgwood buscaba las materias primas de la mejor calidad allí donde pudiera encontrarlas. Siguiendo lo que hoy en día denominaríamos «abastecimiento global», compró arcilla de América mediante un acuerdo con la nación Cherokee, de China y de la nueva colonia en Australia.

Tuvo gran variedad de amistades, con intereses muy diversos, a las que recurría para sus actividades comerciales. Wedgwood pertenecía a un grupo de polímatas de su misma mentalidad que acabaron siendo conocidos como *The Lunar Men* («Los hombres lunares»), porque celebraban sus encuentros cuando había luna llena. Además de Wedgwood, el grupo estaba formado por Erasmus Darwin, Matthew Boulton, James Watt y Joseph Priestley. La amistad y la colaboración empresarial que mantuvo con Boulton influyó sobremanera en sus ideas sobre la organización del trabajo, puesto que aquel vigilaba la eficiencia, la productividad y la rentabilidad de la fábrica Boulton & Watt que producía máquinas de vapor en Birmingham. El libro de Jenny Uglow sobre *The Lunar Men* sostiene que estaban a la cabeza de casi todos los movimientos de la época, en ciencia, en industria y en las artes. La autora defiende, de forma sugerente, que: «En los tiempos de los *Lunar Men* la ciencia y el arte no estaban separados, podías ser inventor y diseñador, experimentar y escribir poemas, ser un soñador y un empresario, todo ello al mismo tiempo».

Aunque Wedgwood tenía ideas un tanto contradictorias sobre la posesión de la propiedad intelectual, fomentó la investigación colaborativa y fue un defensor de lo que hoy llamaríamos «innovación abierta». En 1775 propuso un programa de cooperación con otros alfareros de Staffordshire para resolver un problema técnico común. Era un plan para lo que fue el primer proyecto de investigación industrial colaborativa del mundo. La idea no llegó a alzar el vuelo, pero evidencia un deseo de usar una forma de organización que no volvería a explorarse hasta un siglo después.

Wedgwood fue el primero de su sector que grabó su nombre en sus productos para marcar la titularidad del diseño, pero detestaba las patentes y solo tuvo una. Hablando de sí mismo explica su punto de vista:

> Cuando el señor Wedgwood descubrió el arte de fabricar la porcelana de la Reina... no solicitó una patente por su importante descubrimiento. Una patente habría limitado en gran medida su utilidad pública; en lugar de cien fábricas de porcelana de la Reina, habría habido solo una, y en lugar de exportarse a todos los rincones del mundo, solo se habrían hecho unas cuantas piezas bonitas para complacer a la gente con clase de Inglaterra.

El periodo de la Revolución Industrial fue una época de gran optimismo y agitación social. Las pautas de consumo y de estilo de vida cambiaron cuando empezaron a pagarse sueldos industriales, y los nuevos negocios crearon fuentes novedosas de riqueza. La población de Inglaterra se dobló entre el año 1700 y el año 1800, con lo que pasó de unos cinco millones a diez millones de almas. Hasta el siglo XVIII la cerámica inglesa había sido funcional: consistente sobre todo en recipientes bastos para el almacenaje y el transporte. Las ollas se fabricaban con tosquedad, con una decoración básica y un vidriado con imperfecciones. El tamaño y la sofisticación de este mercado aumentaron en el siglo XVIII. Los accesorios de mesa con estilo encontraron gran demanda en las florecientes ciudades industriales y en las colonias, cada vez más ricas.

Tomar el té, así como productos más elegantes como el café y el chocolate caliente, se convirtieron en una característica nacional junto con el tradicional pasatiempo británico de beber cerveza.

Wedgwood aspiró a cubrir y moldear la demanda creciente de maneras diversas. En un principio vendía sus productos terminados a comerciantes para su reventa, pero después abrió una tienda en Londres que fue seguida de una sala de exposiciones en la que se podían hacer pedidos directos. Los clientes que curioseaban por allí comentaban los artículos expuestos y Wedgwood tomaba buena nota de las críticas a la calidad irregular, lo que explica su empeño por estudiar cómo mejorar la consistencia. La sala de exposiciones, dirigida por Thomas Bentley, gran amigo de Wedgwood, se convirtió en un lugar para ir a contemplar lo último, y las grandes colecciones de novedades recibían la visita de la realeza y la aristocracia. Bentley interpretaba con pericia las nuevas tendencias y gustos, e informaba sobre planes de diseño y producción en Staffordshire.

Wedgwood persiguió con asiduidad el patrocinio de políticos y aristócratas: lo que él llamaba sus «vías, canales y conexiones». Fabricó una vajilla de 952 piezas para Catalina la Grande, emperatriz de Rusia, y utilizó su patronazgo sin pudor en su publicidad. Su idea era que, si los grandes y los buenos compraban sus productos, las nuevas clases medias, comerciantes y profesionales, y hasta gente de las clases bajas más pudientes, como artesanos y mercaderes, aspirarían a emularlos.

Wedgwood y Bentley introdujeron una cantidad asombrosa de innovaciones en el comercio minorista, como demostraciones de los productos presentados en forma de servicios de mesa completos, el autoservicio, catálogos, muestrarios en formato de libro, el transporte gratuito de mercancías, garantías con devolución del dinero, ventas ambulantes y ventas ordinarias, todo ello con la finalidad de «entretener y divertir y complacer y maravillar, y más aún, incluso embelesar a las señoras». Jane Austen escribió sobre el placer de la entrega segura de un pedido a Wedgwood.

Los esfuerzos de Wedgwood para comercializar internacionalmente sus productos se adelantaron a su tiempo. Cuando fundó su negocio rara vez llegaba a Londres la cerámica de Staffordshire, y mucho menos al otro lado del mar. Para vender en mercados internacionales volvió a usar la estrategia de cortejar a la realeza usando como embajadores a sus contactos en la aristocracia inglesa. A mediados de la década de 1780 ya exportaba el 80 % de su producción total.

No vendía sus productos recurriendo a precios bajos. Los suyos llegaban a ser dos o tres veces más caros que los de la competencia. En sus propias palabras, «siempre he tenido por objetivo la mejora de la calidad de los artículos de mi fábrica, en lugar del abaratamiento de precios». Desdeñaba la bajada de precios en la industria alfarera, de tal modo que en 1771 escribió a Bentley:

> Se me antoja que el Comercio General avanza hacia la ruina a galope tendido..., los precios bajos tienen que conllevar una baja calidad en su fabricación, lo que conllevará desprecio, que conllevará desinterés y abandono, y ahí se acaba el comercio.

Las innovaciones de Wedgwood se extendieron a muchas otras áreas. Dedicó esfuerzos considerables a la construcción de infraestructuras que apoyaran la fabricación y distribución de sus productos y los de su sector. Invirtió cantidades sustanciales de tiempo y dinero en mejorar las comunicaciones y el transporte, sobre todo con los puertos que le suministraban materias primas y aquellos que le proporcionaban rutas comerciales. Fomentó el desarrollo de medios de pago y participó de lleno en la construcción de grandes canales. Presionó de forma enérgica al gobierno para que emprendiera políticas de comercio e industria, y contribuyó a crear la primera Cámara Británica de Fabricantes.

El legado de Wedgwood abarcó mucho más que su compañía. Ejerció una repercusión enorme y más global en las alfarerías de Staffordshire con lo que hoy en día podríamos denominar un «grupo industrial» innovador. La producción de cerámica en Staffordshire creció con rapidez debido a los esfuerzos de gran número de empresas, como Spode y Turner, pero Wedgwood fue el líder indiscutible del sector.

Su biógrafo del siglo xix, Samuel Smiles, escribió sobre el cambio que supusieron las innovaciones de Wedgwood para las «aldeas pobres y humildes»:

> De ser un distrito medio salvaje y poco poblado en 1760, con unas 7.000 personas con empleo parcial y mal remunerado, en el transcurso de unos veinticinco años creció hasta casi triplicar su población, con empleo abundante, próspero y confortable.

Las aportaciones de Wedgwood a la vida pública incluyeron la mejora de la educación, la sanidad, la alimentación y la vivienda de sus empleados. Las 76 casas de Etruria fueron consideradas en sus tiempos una población modélica.

Wedgwood fundó una dinastía. Había heredado 20 libras de su padre y, al morir, dejó uno de los mejores grupos industriales de Inglaterra con un patrimonio personal de 500.000 libras (unos 50 millones de libras en precios actuales). Los hijos de Wedgwood usaron bien su gran fortuna. Uno de sus hijos creó la Royal Horticultural Society y otro de ellos tuvo una participación crucial en el desarrollo de la fotografía. La fortuna de Wedgwood se empleó con gran eficacia para financiar los estudios de su nieto Charles Darwin.

El caso de Wedgwood plantea una serie de cuestiones esenciales que analizaremos en esta breve introducción y desvela el enfoque que le daremos al tema de la innovación. Nos centraremos en la *organización*, el mecanismo para crear y ofrecer innovación. Los individuos y sus contactos personales, cuya relevancia se aprecia con tanta claridad en el caso de Wedgwood, se tratarán aquí tan solo en la medida en que aporten resultados organizativos. No hablaremos del significado de la innovación para cada uno de nosotros a título individual. Ni adoptaremos el punto de vista del usuario de la innovación, aunque defenderemos que las organizaciones innovadoras deben procurar entender cómo se consumen las innovaciones y con qué propósito. Con esto presente, Wedgwood nos enseña que la innovación se da de muchas formas y maneras. Está en lo que producen las organizaciones: sus productos y servicios. Se encuentra en las formas en que producen las organizaciones: en sus procesos y sistemas de producción, en las estructuras y las prácticas laborales, en los sistemas de abastecimiento, colaboración con socios y, algo de suma importancia, en cómo captan clientes y cómo llegan hasta ellos. La innovación también se da dentro del contexto en el que operan las organizaciones: por ejemplo, en redes regionales, infraestructuras de apoyo y políticas gubernamentales.

Wedgwood evidencia una verdad eterna sobre la innovación: significa la combinación de nuevas ideas, conocimientos, habilidades y recursos. Él fue un maestro combinando los espectaculares avances científicos, tecnológicos y artísticos de su tiempo con las demandas rápidamente cambiantes del consumidor. Gladstone dijo: «Fue el hombre más insigne de todas las épocas y países que se entregó a la importante labor de mezclar el arte con la industria». La manera en que Wedgwood fusionó las oportunidades tecnológicas con las de mercado, el arte con la fabricación, la creatividad con el comercio, tal vez sea la lección más excelsa que nos dejó.

2
Joseph Schumpeter: las tempestades de la destrucción creativa

Todo progreso económico y social depende en última instancia de ideas nuevas que cuestionen el autismo y la inercia del orden establecido proponiendo la posibilidad de cambio y mejora. La innovación es lo que sucede cuando se introduce una forma de pensar nueva y determinadas organizaciones la aprecian. Es el terreno en el que se organizan y gestionan formalmente la creación y la aplicación de ideas nuevas. La innovación exige la planificación de preparativos, objetivos y beneficios para que surjan ideas nuevas y se lleven a la práctica. Es el escenario donde el entusiasmo por la experimentación y el aprendizaje se topa con la realidad cotidiana de los presupuestos limitados, las rutinas consolidadas, las prioridades anquilosadas y la imaginación constreñida.

Existen muchas maneras fantásticas de entender la innovación que aportan gran cantidad de perspectivas diversas. La variedad de las distintas lentes utilizadas para su estudio depende de qué aspectos concretos de la innovación se analicen. Algunas analizan la extensión y naturaleza de la innovación: si el cambio es gradual o repentino, cómo conserva o interrumpe la forma ya existente de hacer las cosas y si ocurre en sistemas completos o en alguna de sus partes. Otros análisis se centran en cómo cambia el objeto de la innovación con el paso del tiempo, es decir, desde el desarrollo de productos nuevos hasta su fabricación, sus formas de difusión, cómo llegan ciertas configuraciones de diseños a dominar el mercado, por ejemplo los teléfonos móviles o los servicios de banca *online*, y cómo hacerse con la propiedad del valor generado por la innovación.

Definir la innovación

La definición más bien sencilla que empleamos aquí (ideas aplicadas con éxito) ayuda a diferenciarla de la inventiva y la creatividad, las cuales pueden aportar ideas valiosas antes de su aplicación. Pero una definición así sigue teniendo significados muy amplios que pueden resultarnos útiles, puesto que cubre un rango amplio de actividades, y por esa misma razón es confusa (los términos empleados se pueden usar en muchos sentidos). Por consiguiente, nuestra sencilla definición plantea interrogantes. ¿Qué es el éxito? El tiempo influye y las innovaciones pueden tener éxito al principio y acabar fracasando a la larga, o viceversa. ¿Qué significa *aplicadas*? ¿Se refiere a una aplicación en una sola parte de una organización o a una aplicación internacional dentro de un conjunto masivo de usuarios? ¿Qué y quiénes son las fuentes de esas «ideas»? ¿Puede alguien reclamarlas como propias, sobre todo cuando es inevitable que combinen sugerencias nuevas con otras ya existentes?

Las tipologías de la innovación también se enfrentan a dificultades debido a las desdibujadas fronteras y superposiciones entre categorías. La innovación se da en productos, por ejemplo en coches o medicamentos de nueva creación, y en servicios, como en pólizas de seguros novedosas o en medidas para el control sanitario. Pero muchas empresas de servicios describen lo que ofrecen como productos, por ejemplo, los nuevos productos financieros. La innovación se da en los procesos operativos, en la forma en que se ofrecen nuevos productos y servicios. Estos procesos pueden adoptar la forma de equipos o maquinarias, que son los productos que proporcionan los proveedores, pero también pueden ser logísticos dependiendo de la forma de transporte, lo que corresponde a los servicios que proporcionan los proveedores.

Surgen algunos problemas similares de definición al hablar de niveles de innovación. Una innovación menor para una organización determinada puede ser crucial para otra. Es difícil en la práctica trazar fronteras entre las distintas categorías, porque las organizaciones valoran su capacidad de innovar dentro de sus circunstancias concretas propias.

La mayoría de las innovaciones consiste en mejoras progresivas (ideas empleadas en modelos nuevos de productos y servicios ya existentes) o en ajustes de procesos organizativos. Pueden consistir en la última versión de paquetes concretos de *software* o en decisiones para incorporar más representantes del departamento de *marketing* en los equipos de desarrollo. Las innovaciones radicales cambian la naturaleza de los productos, de los servicios y de los procesos. Son ejemplos de ello el desarrollo de materiales sintéticos, como el tejido de Goretex, que es a prueba de lluvia y de viento pero transpira, y decisiones para utilizar *software* de código abierto para fomentar el desarrollo comunitario de nuevos servicios en lugar de hacerlo internamente.

33

En el nivel más alto se encuentran las innovaciones transformadoras que definen una época, que son más raras, tienen una repercusión revolucionaria y afectan a toda la economía. Ejemplos de ello serían el desarrollo del petróleo o de los paneles fotovoltaicos como fuentes de energía, la invención de las computadoras u ordenadores e Internet.

Nosotros concebimos la innovación como aquellas ideas aplicadas con éxito a resultados y procesos organizativos. La innovación se puede contemplar como algo práctico y funcional: los resultados de la innovación son productos y servicios nuevos, o aquellos procesos que favorecen la innovación que se da en áreas como investigación y desarrollo (I+D), ingeniería, diseño y *marketing*. La innovación también se puede entender como algo más conceptual: los resultados de la innovación son la mejora del conocimiento, o aquellos procesos que fomentan la capacidad de las organizaciones para aprender. La innovación se puede concebir como una manera de ofrecer diferentes opciones cuando nos enfrentamos a un futuro incierto.

Hemos decidido centrarnos en las innovaciones que son diferentes de las que se describen como «mejoras continuas», que tienden a ser rutinarias y muy graduales por naturaleza. Aunque el carácter acumulativo de estas pequeñas mejoras tiene su importancia, nuestro interés radica más bien en las ideas que expanden y desafían a las entidades cuando intentan sobrevivir y prosperar. Al centrarnos en las innovaciones extraordinarias que se dan tanto en los resultados de los esfuerzos como en los procesos que los generan, captamos gran parte de lo que en general se entiende por innovación.

La importancia de la innovación

La razón por la que la innovación es tan importante debe verse en el contexto de las incesantes demandas de las organizaciones contemporáneas cuando se enfrentan a los desafíos de un mundo complejo y convulso. La innovación es crucial para que puedan seguir existiendo mientras se esfuerzan por adaptarse y evolucionar con el fin de hacer frente a unos mercados y tecnologías en cambio constante.

El sector privado siempre tiene el desafío de los nuevos competidores en mercados globalizados. El sector público demanda constantemente eficiencia y resultados óptimos, ya que los gobiernos deben ceñirse a las exigencias presupuestarias cuando procuran mejorar la calidad de vida de sus ciudadanos y resolver problemas emergentes, como la ciberseguridad o situaciones meteorológicas extremas, que exceden sus ingresos fiscales. Las entidades benéficas y no gubernamentales se ven obligadas a pensar en todo momento en formas novedosas y más eficaces para abordar los problemas que las ocupan. La motivación de innovar en todas las organizaciones encuentra su estímulo en el convencimiento de que, si no son capaces de innovar, lo harán otros: actores nuevos capaces de amenazar su propia existencia. En resumen, si las organizaciones tienen que avanzar (desarrollarse y crecer, ser más rentables, eficientes y sostenibles), deben poner en práctica ideas nuevas con éxito. Tienen que innovar continuamente. Tal como lo expresó el economista Joseph Schumpeter (1883-1850, figura 2) con absoluta crudeza, la innovación «ofrece la zanahoria de una retribución espectacular o el palo de la degradación».

Una de las características de la innovación es que ocurre en cualquier organización. Aunque innovar llega a ser muy caro (según algunas estimaciones, el desarrollo de un fármaco nuevo cuesta entre 1.500 y 2.500 millones de dólares), también se pueden llevar a la práctica ideas nuevas a un precio bajo. La innovación no solo sirve de base a empresas de alta tecnología que fabrican semiconductores o que trabajan en biotecnología, sino a todos los sectores de la economía. Las aseguradoras y la banca no paran de buscar ideas nuevas para los servicios que ofrecen a sus clientes; las tiendas utilizan una infraestructura digital sofisticada para gestionar pedidos y existencias; las granjas aplican nuevas semillas, fertilizantes y tecnologías de irrigación, se apoyan en satélites para optimizar las plantaciones y cosechas, y utilizan sus productos de formas novedosas, como la producción de biocombustibles y de alimentos funcionales beneficiosos para la salud. La innovación se encuentra en la construcción, en el empleo de nuevos materiales y de nuevas técnicas de construcción; en el empaquetado que mantiene los alimentos más frescos, y en las empresas de la moda que introducen diseños nuevos con más rapidez y a mejor precio. La innovación se persigue en los servicios públicos, en la sanidad, el transporte y la educación. Las organizaciones benéficas consiguen más fondos a través de campañas de participación colectiva *(crowdsourcing)*. Aunque hay sectores donde no esperaríamos demasiada innovación, como el de las empresas que invierten nuestros fondos de pensiones, en general raro es el negocio o la entidad que no se beneficia de la implementación de ideas nuevas.

Figura 2. Joseph Schumpeter otorgó a la innovación un lugar central dentro de su teoría del desarrollo económico.

Desafíos

Los desafíos de la innovación son inmensos. Mucha gente se siente incómoda con los cambios que implica. Cuando tiene un alcance amplio, sobre todo, la innovación puede ejercer efectos negativos para los empleados y generar incertidumbre, temor y frustración. Las entidades establecen acuerdos sociales con los que sus miembros desarrollan lealtad, compromiso y confianza. La innovación puede romper esos consensos redistribuyendo recursos, alterando las relaciones entre grupos y favoreciendo el ascenso de una parte de la organización en detrimento de otras. Puede alterar las capacidades técnicas y profesionales adquiridas a lo largo de muchos años y con las que los empleados se sienten muy identificados. Esto significa que es inseparable del ejercicio del poder y de la resistencia a él.

La mayoría de las tentativas para innovar fracasa. La historia está repleta de intentos infructuosos de aplicar ideas nuevas (a menudo muy buenas) por parte de individuos y organizaciones. El desarrollo frustrado de un coche asequible con batería eléctrica y considerables beneficios ambientales en Estados Unidos en la década de 1990 ilustra la manera en que la innovación puede suponer una grave amenaza para intereses consolidados. Entonces se estableció una alianza entre intereses políticos y comerciales para impedir que aquella idea llegara al mercado en aquel momento. Aunque se trataba de un producto popular entre los consumidores, tuvo que competir con las necesidades de la infraestructura energética existente, de las compañías petroleras y de las redes de distribución del petróleo, así como con las inversiones masivas de la industria de la automoción ya existente en la fabricación y el mantenimiento de vehículos con motor de gasolina.

Las organizaciones necesitan actuaciones que les permitan operar a corto plazo y explotar las capacidades y los conocimientos ya existentes y, a la vez, explorar propuestas nuevas que amplíen sus capacidades para mantenerse de forma continuada a largo plazo en un mundo cambiante. Todo ello requiere comportamientos y prácticas diferentes y, en ocasiones, controvertidos. De hecho, a veces las organizaciones se enfrentan a la paradoja de tener que aplicar ideas nuevas que amenazan las prácticas que condujeron a sus logros actuales. Si, según el dicho, los generales se preparan siempre para batallar la guerra anterior en lugar de la próxima, los directivos recurren a métodos que contribuyeron al progreso pretérito de sus entidades, y al suyo propio, en lugar de seguir estrategias que afronten el futuro con más efectividad. Desde que Edison fundó la primera empresa dedicada a producir innovaciones a finales del siglo XIX, periódicamente han ido estando en boga muchas formas diferentes de estructurar la creación y la aplicación de ideas nuevas. A medida que fue cambiando el medio empresarial, el laboratorio de I+D centralizado y corporativo de grandes dimensiones ha dejado de usarse tan a menudo como en el pasado. Prima de manera constante la búsqueda de métodos que permitan equilibrar lo rutinario con la innovación.

Las organizaciones rara vez innovan por sí solas: lo hacen en colaboración con otros, incluidos proveedores, clientes y comunidades de usuarios. Innovan en determinados contextos regionales y nacionales. El acceso a las capacidades que favorecen la innovación y la investigación universitaria, por ejemplo, suele tener una dimensión local, tal como se ve en el caso de Silicon Valley y otros núcleos internacionales de innovación. Las políticas y regulaciones de los gobiernos influyen en la innovación, al igual que los sistemas financieros y legales influyen en cuestiones tales como la disponibilidad de capital de inversión de riesgo, la creación de estándares técnicos y la protección de los derechos de propiedad intelectual. La disponibilidad y el coste de las infraestructuras para comunicación y transporte tienen gran relevancia. Estos factores se suman a la complejidad y, por tanto, al carácter impredecible de la innovación, puesto que las personas que innovan nunca son dueñas absolutas de su destino. Y también indican la naturaleza esencialmente idiosincrásica de la innovación: toda innovación se produce dentro de su propio conjunto de circunstancias particulares.

En todos los aspectos principales de las economías contemporáneas (en los servicios, la fabricación y el sector primario, así como en los sectores público y terciario), el progreso depende de la tenencia o el acceso y la aplicación del conocimiento y la información. Para ser competitivos y eficientes hay que innovar con todos los recursos al alcance de las organizaciones: el personal, el capital y la tecnología, y la manera de vincularlos a quienes promueven y utilizan lo que ellos hacen.

Aparte de los desafíos de desarrollar y aplicar la innovación a la gente y las entidades, también es necesario considerar los desafíos sociales y políticos más amplios asociados a la innovación. Los índices de empleo y la naturaleza de los puestos de trabajo están muy afectados por la innovación. Ella nos ha proporcionado armas de destrucción masiva y ha causado un daño ambiental inmenso. Además de todos los beneficios que ofrece Internet, también ha favorecido el terrorismo, la explotación infantil y el ciberacoso. Las repercusiones sociales más amplias de la innovación constituyen un tema que retomaremos más adelante.

Pensamiento innovador

El economista estadounidense William Baumol afirmó que prácticamente todo el crecimiento económico que ha habido desde el siglo XVIII es atribuible en última instancia a la innovación. La aplicación de ideas con éxito ha sido reconocida dentro de la industria como la principal fuente de su desarrollo desde entonces.

El siglo XVIII también presenció el comienzo del estudio y el reconocimiento de la importancia de las relaciones entre entidades, tecnología y productividad tras la publicación de *La riqueza de las naciones* de Adam Smith en 1767. Smith elaboró un análisis, ya famoso, de la importancia de la división del trabajo dentro de una fábrica de alfileres que ejerció gran influencia en la fábrica de Wedgwood. Smith evidenció que la especialización en determinados procesos de fabricación para la producción de alfileres aumentaba considerablemente la productividad de la fuerza de trabajo frente a lo que sucedía cuando un solo individuo fabricaba cada alfiler.

> Un hombre solo, incluso con un «celo extremo», podría producir entre 1 y un máximo de 20 alfileres al día, mientras que con la división del trabajo, un trabajo «muy pobre» «adaptado con indiferencia a la maquinaria necesaria» podría producir 4.800 «si se pone empeño».

Un siglo después, Karl Marx fue muy consciente de la relevancia de la innovación, pero le preocuparon más sus consecuencias negativas. En el primer tomo de *El capital* declaró:

> La industria moderna nunca contempla ni trata la forma existente de un proceso de producción como algo definitivo[…]. A través de maquinaria, de procesos químicos y de otros métodos, revoluciona continuamente no ya las bases técnicas de la producción, sino también

las funciones del trabajador y las combinaciones sociales del proceso laboral.

Las posibilidades del cambio tecnológico, aducía Marx, entraban en contradicción con el uso que le daba el capitalismo, que inevitablemente conducía a la supresión de los trabajadores. El capitalismo, sostenía, subordinaba los trabajadores a las máquinas, pero él creía que la tecnología portaba la posibilidad de liberarlos del peso del trabajo mecánico y repetitivo y de enriquecer las relaciones sociales.

El énfasis de Marx en la enorme dimensión social del desarrollo y el empleo de la tecnología es un tema recurrente en el estudio de la historia de la innovación. La investigación para el desarrollo de herramientas mecánicas automatizadas en Estados Unidos, por ejemplo, ilustra la frecuencia con que la tecnología está modelada por las fuerzas sociales dominantes. El control automático o numérico de herramientas mecánicas, como los tornos, podría haberse configurado de varias maneras para otorgar al operario de la máquina mayor o menor poder sobre cómo utilizarla. La tecnología se confeccionó de tal modo que el control se otorgó a los cargos que planificaban la ingeniería, no a los operarios de las máquinas. Esto era menos eficiente desde un punto de vista económico, pero cubría las expectativas del gran consumidor de la nueva tecnología, la Fuerza Aérea Estadounidense, y, por tanto, reflejaba las estructuras de poder existentes.

A un nivel más global, todas las revoluciones tecnológicas que han tenido lugar (la máquina de vapor, la electricidad, los automóviles, la información y las comunicaciones) han exigido a la economía y la sociedad un ajuste y una adaptación enormes. Los economistas Christopher Freeman y Carlota Pérez ponen de manifiesto que la historia de la difusión de las tecnologías nuevas a partir de la Revolución Industrial ha requerido ajustes estructurales a gran escala en la economía y la sociedad, así como en el marco legal y financiero, los sistemas educativos y de formación para el aprendizaje de nuevas capacidades y profesiones, nuevos sistemas de administración y nuevos estándares técnicos nacionales e internacionales.

Hace mucho que se reconoce la importancia de un «capital humano» inteligente. Tras observar el desarrollo de la industria alemana a mediados del siglo XIX, el politicólogo Friedrich List declaró que la riqueza nacional la crea el capital intelectual: el poder de la gente con ideas. El economista británico Alfred Marshall señaló en 1890 que el conocimiento es el motor de producción más potente del que disponen las economías. Este experto en teoría económica, que extrañamente mantenía los pies en el suelo visitando empresas con regularidad, celebraba la relevancia de la innovación y es recordado sobre todo por su análisis de los beneficios de la «concentración» de empresas avanzadas en «distritos industriales».

Si algún economista merece el reconocimiento de haber sido el primero en atribuir a la innovación un papel central dentro de su teoría del desarrollo, ese es Joseph Schumpeter, quien sigue siendo hoy día uno de los pensadores más influyentes sobre la materia. Schumpeter, un hombre complejo con una rica trayectoria profesional que incluye haber ejercido como ministro de finanzas de Austria, director de un banco fallido y profesor de Harvard, aducía que la innovación desataba las «tempestades de la destrucción creativa». Llega con una gran tormenta de tecnologías revolucionarias, como el petróleo y el acero, que alteran y desarrollan de forma esencial la economía. La innovación es creativa y beneficiosa porque conlleva nuevas industrias, riqueza y empleo, y al mismo tiempo destruye algunas empresas asentadas, muchos productos y ocupaciones laborales, así como los sueños de los empresarios fracasados. Para Schumpeter, la innovación es esencial para la supervivencia competitiva:

> La competencia procedente del nuevo artículo, la nueva tecnología, la nueva fuente de abastecimiento, la nueva variante de organización…, la competencia que supone un coste decisivo o una ventaja de calidad y que no ataca a los márgenes de beneficios ni a los productos de las empresas ya existentes, sino a sus cimientos y a su propia existencia…

Las ideas de Schumpeter sobre las fuentes primarias de innovación fueron cambiando a lo largo de su vida, lo que refleja variaciones en las prácticas de la industria. Su primer modelo «Mark I», publicado en 1912, celebraba la importancia de los emprendedores individuales y heroicos que asumen riesgos. En cambio, su modelo «Mark II», publicado treinta años más tarde, expresaba la importancia de los esfuerzos innovadores formales y organizados en las grandes empresas. Durante este periodo se consolidaron los laboratorios modernos de investigación, primero en las industrias químicas y eléctricas en Alemania y Estados Unidos. En 1921 ya había más de quinientos laboratorios industriales de investigación en Estados Unidos.

Cinco modelos. Uno de los estudios pioneros y más influyentes de la relación entre el progreso científico y la innovación industrial fue el que encabezó justo después de la Segunda Guerra Mundial, Vannevar Bush, el primer asesor científico presidencial de Estados Unidos. En su informe titulado *Science: The Endless Frontier* [«Ciencia: La frontera sin fin»], Bush abogaba por una política nacional para una investigación indefinida a gran escala. La obra alcanzó popularidad; se publicó por partes en la revista *Fortune*, y Bush salió en la portada de la revista *Time*. La idea de que las inversiones en investigación eran la solución para la mayoría de los problemas aparentemente inabordables fue un legado de la colaboración de Bush en el proyecto Manhattan para desarrollar la bomba atómica, el cual, a juicio de muchos, abrevió la guerra en el Pacífico. Aunque fue una interpretación simplista del informe de Bush, la idea de que todas las innovaciones en productos y procesos de producción se basan en la minuciosa investigación básica se convirtió en el precepto fundamental del modelo de innovación basado en el *tirón de la ciencia*, una concepción que sigue gozando de popularidad en gran parte de la comunidad científica actual.

Una idea alternativa, que subraya la importancia de la demanda del mercado como motor principal de innovación, surgió en las décadas de 1950 y 1960. Esta interpretación resultó de una serie de factores entre los que se incluyen estudios que evidenciaban que, en sectores como el militar, los resultados tecnológicos provienen más de las demandas de los usuarios que de cualquier configuración predeterminada desde la ciencia. Al mismo tiempo, se produjo un crecimiento de grandes oficinas de planificación corporativa confiando en la idea de que un estudio suficiente del mercado podría identificar lo que se reclamaba a la nueva ciencia y tecnología para cubrir las necesidades del consumidor. Esto refleja el crecimiento que experimentaron por entonces las ciencias sociales con sus supuestos poderes predictivos. En oposición a la entusiasta acogida que tuvieron la ciencia y la tecnología después de la guerra, surgieron movimientos sociales (como la campaña de seguridad automovilística de Ralph Nader en la década de 1960 en respuesta a los diseños peligrosos de coches) que empezaron a prestar y demandar más atención a las necesidades de los consumidores. Dentro del hogar, la investigación demográfica de la generación del *baby boom* condujo a «prever y lanzar» estrategias internacionales que buscaron en la innovación la forma de satisfacer las crecientes demandas. Esta idea acabó conociéndose como el modelo de innovación basado en el *tirón de la demanda*.

Estos dos modelos de innovación siguen una progresión lineal: la investigación da lugar a productos y procesos nuevos que se introducen en el mercado, y la demanda del mercado de productos y procesos nuevos da lugar a la investigación para desarrollarlos. Pero volúmenes cada vez mayores de análisis realizados en la década de 1970 cuestionaron la premisa de la linealidad. Estudios pioneros como el Proyecto SAPPHO de la Universidad de Sussex, en Reino Unido, detectó diferencias entre sectores: por ejemplo, la industria química innovaba de un modo distinto a la industria de instrumental científico. Y, además, las pautas de innovación cambiaban con el tiempo. Abernathy y Utterback, del MIT, desarrollaron la teoría de los ciclos de vida de los productos, que al principio presentan altos niveles de innovación en el desarrollo de los productos que luego son reemplazados por altos niveles de innovación centrada en su aplicación y su proceso de producción. La innovación no se ve como algo unidireccional, sino como algo más interactivo, con bucles de retroalimentación.

Las cuestiones organizativas y de competencia que subyacen a este modelo de innovación *por acoplamiento* salieron a la luz en la década de 1980, promovidas sobre todo por el notable éxito de la industria japonesa durante este periodo. Un estudio de la industria automovilística del momento reveló que los fabricantes de coches japoneses eran el doble de eficientes que sus competidores internacionales en todos los ámbitos de la innovación, como en el tiempo que se tarda en diseñar y fabricar un modelo. La explicación de ello fue un planteamiento descrito como «producción racionalizada» (o *lean production*), que contrastaba con las técnicas de fabricación en serie utilizadas en otros países. La fabricación en serie, tipificada por Henry Ford, se basa en líneas de montaje para producir productos estandarizados. «Puedes tener el coche modelo T del color que quieras, siempre que ese color sea el negro», es una frase atribuida a Ford. La producción racionalizada introdujo más flexibilidad en la línea de montaje, lo que permitió la producción de una variedad más amplia de productos. Incluye un sistema de relaciones con los proveedores de componentes que les permite hacer sus entregas «justo a tiempo» para el montaje, lo que reduce el coste de almacenaje de existencias e incrementa la velocidad de respuesta ante cambios en el mercado. La producción racionalizada también implicó una preocupación obsesiva por el control de calidad, lo que en muchas áreas se convirtió en responsabilidad de los trabajadores de base.

Al analizar las diferencias entre la forma en que se organizaban las empresas japonesas y las occidentales para innovar, se utilizaba la metáfora de que las primeras jugaban al *rugby* (aunque también valdría el *netball*) y las últimas corrían una carrera de relevos. En Occidente, la innovación correspondía, al principio del proceso, a una sección de la empresa, digamos el área de I+D, que se dedicaba a eso durante un tiempo, y después se trasladaba a otra sección, por ejemplo, al área de ingeniería, que trabajaba de un modo similar en ella antes de derivarla al área de producción y luego a la de *marketing*.

Las empresas japonesas contemplaban este proceso lineal como un inmenso despilfarro, con la probabilidad de que se produjeran malentendidos relevantes a medida que los proyectos pasaban de una sección de la empresa a otra.

La metáfora del jugador de *rugby* o de *netball* es acertada porque implica la combinación simultánea de diferentes tipos de jugadores, con distintas capacidades y habilidades, algunos grandes y altos, pero por lo común lentos, y otros más pequeños, hábiles y rápidos, que trabajan con un mismo objetivo. Todas las partes de la organización participaban en actividades relacionadas con la innovación.

La colaboración entre y dentro de las empresas innovadoras japonesas fue una característica de su historia de éxitos en la década de 1980. Además de una amplia colaboración entre clientes y proveedores de los mismos grupos industriales (Keiretsu), el gobierno japonés también promovió la colaboración entre empresas competidoras. Así, por ejemplo, el proyecto para desarrollar la Quinta Generación de Computadoras (más conocido por sus siglas en inglés, FGCS) intentó animar a los fabricantes, de por sí altamente competitivos, a cooperar en torno a agendas de investigación compartidas. Este modelo colaborativo de estrategias de innovación y políticas públicas de innovación también se persiguió con entusiasmo en el campo de la tecnología de la información (IT) en Europa y en el de los semiconductores en EE. UU.

En la década de 1990 Roy Rothwell, uno de los fundadores de la investigación en innovación, empezó a identificar una serie de cambios en las estrategias que empleaban las empresas para innovar y las tecnologías que usaban para ello. Él dijo que las empresas estaban desarrollando estrategias de innovación muy integradas con sus colaboradores, lo que incluía «clientes principales», usuarios exigentes y codesarrolladores de innovación. También era importante, sostenía, el empleo de nuevas tecnologías digitales, como el diseño y la producción asistidos por ordenador, lo que conjugaba distintas partes de la empresa a la hora de desarrollar innovaciones y ayudaba a vincular agentes externos con los esfuerzos internos de desarrollo. Rothwell denominó a esto el modelo de innovación basado en la integración y la interconexión estratégica. La tendencia a incrementar la integración estratégica y tecnológica para favorecer la innovación continúa hoy con el empleo de un poder de computación masivo, Internet, y nuevas tecnologías digitales y de visualización como la inteligencia artificial (IA).

Estos modelos del proceso de innovación tienen sus antecedentes en una economía industrializada donde la innovación ocurre sobre todo en el sector de la producción. Ahora tenemos economías en las que predomina el sector servicios, el cual ronda el 80 % del producto interior bruto en la mayoría de los países desarrollados. Gran parte del valor añadido de las economías radica en la fusión de los servicios y la producción, y en la mezcla de sistemas digitales y físicos. Las economías basadas en objetos tangibles, físicos, que se pueden medir y ver, se han convertido en otras basadas en productos intangibles e invisibles. Es más, tal como evidencia la crisis financiera que comenzó en 2008, vivimos en una era de turbulencias e incertidumbres extraordinarias donde lo más probable es que circunstancias emergentes e impredecibles pongan a prueba las fórmulas y prescripciones establecidas. Los modelos de innovación del futuro serán mucho más orgánicos y cambiantes allí donde las fuentes de innovación sean imprecisas, donde las organizaciones implicadas sean desconocidas al principio y donde los resultados estén altamente condicionados por lo impredecible. En estas circunstancias será valioso valorar si lo que sabemos del pasado podría servirnos o no de guía en el futuro. También será útil entender cómo podría ayudar la teoría de la innovación.

Teoría

No existe ninguna teoría única o unificada de la innovación. Lo que hay son explicaciones parciales procedentes, por ejemplo, del ámbito de la economía, las ciencias políticas, la sociología, la geografía, los estudios organizacionales, la psicología, la estrategia empresarial y de los propios estudios de la innovación, inspirados en todas esas disciplinas. No es de extrañar, dadas las múltiples influencias, vías y consecuencias de la innovación. La utilidad de las diversas teorías dependerá de las cuestiones particulares que analicen. Las teorías procedentes de la psicología tal vez resulten más útiles cuando el tema se centre en el individuo innovador, las de la estrategia empresarial cuando se trate de innovación organizativa, y las económicas cuando se hable de resultados de la innovación a nivel nacional. Es importante considerar las teorías de la innovación no solo para explicar problemas contemporáneos, muy relevantes de por sí, sino también para arrojar luz sobre su empleo en el futuro con la finalidad de resolver mejor las grandes preocupaciones sociales, económicas y medioambientales.

En los últimos años han aflorado ciertos planteamientos que comparten una base común en sus teorías sobre la innovación. Estos incluyen la economía evolutiva a gran escala y paradigmas de «capacidades dinámicas» para la estrategia empresarial a pequeña escala.

El desafío para cualquier teoría de la innovación estriba en que debe explicar un fenómeno empírico que adopta numerosas apariencias. Asimismo debe abarcar toda su complejidad, dinamismo e incertidumbre, a menudo agravados por el hecho de que la innovación resulta de las aportaciones de numerosos participantes con agendas en ocasiones divergentes y no cerradas en su totalidad. De este modo, la innovación posee propiedades emergentes: surge de un proceso colectivo cuyos resultados pueden no ser conocidos o esperados en el momento en que comienza.

La economía evolutiva (con cierta herencia schumpeteriana) contempla el capitalismo como un sistema que produce una variedad continua dentro de las nuevas ideas, empresas y tecnologías creadas por el empresariado y las actividades innovadoras de los grupos de investigación. Las decisiones de las compañías, los consumidores y los gobiernos establecen selecciones a partir de esta variedad. Algunas selecciones se propagan con éxito y se desarrollan por completo en nuevas organizaciones, negocios y tecnologías que proporcionan la base y los recursos para futuras inversiones con el fin de crear variedad. Gran parte de la variedad y las selecciones realizadas resulta negativa o no logra difundirse, de modo que el desarrollo evolutivo de la economía se caracteriza por un grado considerable de incertidumbre y de fracaso.

La teoría de las capacidades dinámicas incluye la manera en que las empresas buscan, seleccionan, configuran, despliegan y aprenden sobre innovaciones. Se centra en las capacidades, procesos y estructuras que crean, usan y protegen activos intangibles y difíciles de replicar, como el conocimiento. Este tratamiento de la estrategia refleja el continuo dinamismo de la tecnología, los mercados y las organizaciones, donde la capacidad para percibir riesgos y para darse cuenta de las oportunidades (cuando la información es limitada y las circunstancias impredecibles) es clave para mantener una ventaja corporativa sostenible.

Estas explicaciones teóricas de la innovación incluyen la complejidad y las circunstancias emergentes. Incorporan las enmarañadas realidades de la innovación que encontramos en las economías en cambio y adaptación constantes, y cuando las estrategias de las empresas suelen ser experimentales.

Tiempo

Cualquier análisis que pretenda comprender la innovación debe tener una dimensión temporal. Ya sea para abordar los resultados (qué sucedió) o los procesos de la innovación (cómo se produjo), es necesario conocer el periodo temporal en el que ocurrieron. Las comparaciones con lo que existía antes de la innovación determinan el grado de novedad.

Si una innovación se adelanta a su tiempo, como quizá podríamos afirmar que ocurrió en el caso del coche eléctrico en la década de 1990, da igual cuánto esfuerzo se le dedique, porque no conseguirá el empuje necesario para su difusión generalizada y un crecimiento sostenido. Si la innovación tarda demasiado en desarrollarse, tal vez fracase por el surgimiento de una idea superior o más económica. En ocasiones, los mercados y las tecnologías avanzan con rapidez y enseguida sobrepasan lo que en cierto momento parecía una buena idea. Por tanto, las organizaciones innovadoras deben pensar en la planificación del lanzamiento de ideas nuevas. Esto se puede hacer teniendo en cuenta su posición de acuerdo con los patrones previos de difusión de innovación, y se usan herramientas y técnicas para acelerar la innovación mediante técnicas formales de gestión de proyectos que deciden de manera progresiva los niveles de recursos necesarios. El rendimiento de la inversión en innovación se planea a lo largo de periodos de años, y se toma la decisión de invertir si rinde de forma adecuada en un periodo de tiempo aceptable. El riesgo se controla mediante intentos de reducir el tiempo que tarda en desarrollarse e introducirse la innovación. La rapidez suele verse como una ventaja, aunque no siempre. Comprimir el tiempo reduce la posibilidad de que los competidores te alcancen o de derrochar recursos sin necesidad. Sin embargo, moverse demasiado deprisa da lugar a errores y a la incapacidad de aprender de ellos.

Los horizontes a corto plazo son adecuados para la innovación acumulativa, pero se necesitan perspectivas a largo plazo para aportar una visión más amplia sobre dónde, por qué y cómo ha sucedido o fallado la innovación radical. Entender las relaciones entre el descubrimiento científico, la innovación y los cambios sociales requiere una interpretación histórica profunda.

Como veremos en el caso de Edison, en el capítulo 5, los innovadores pueden mejorar sus posibilidades futuras de éxito creando opciones que permitan seguir distintas rutas potenciales, lo que retrasará la toma de decisiones que no serán necesarias hasta un momento posterior, cuando sus consecuencias estén más claras. Si los innovadores se organizan y preparan para eventualidades imprevistas, podrán cambiar de ruta o recalibrar plazos. Tal como observó Louis Pasteur en relación con el descubrimiento científico a través de la experimentación, «la suerte favorece a la mente preparada».

Los índices de innovación y difusión varían considerablemente entre los distintos sectores empresariales. En el ámbito farmacéutico, por ejemplo, se suelen tardar entre doce y quince años en sacar un medicamento nuevo al mercado, mientras que los nuevos servicios digitales pueden experimentar un crecimiento enorme en cuestión de meses. Facebook tardó diez años en pasar de una habitación universitaria a tener más valor que el Bank of America. Las organizaciones pueden decidir con estrategia si intentan encabezar la innovación en su sector o si siguen a los demás. A veces, los primeros tienen la mejor oportunidad para cosechar los mayores beneficios de sus ideas. La química DuPont, por ejemplo, se ha adelantado continuamente a otras empresas a la hora de sacar productos nuevos al mercado a lo largo de un siglo. Pero la ventaja del primero en mover ficha también puede ser difícil de atrapar y de mantener. A menudo implica más riesgos, puesto que el mercado quizá no esté totalmente preparado, y estimular la demanda tal vez exija un coste más alto.

Otras organizaciones prefieren aprender de los primeros, copiando innovaciones que parecen funcionar bien y evitando los problemas que hayan observado en ellas. Los más veloces en seguir a otros pueden obtener grandes recompensas, tal como ha hecho Microsoft al reaccionar con una continua rapidez ante las innovaciones de otros que han asumido riesgos iniciales. Muchas organizaciones no tienen la capacidad o los recursos para ser las primeras en actuar o para seguir con rapidez a los más adelantados. Sin embargo, bien pueden beneficiarse de la innovación que mejora, adapta o amplía productos, procesos o servicios. Sea cual sea su posición como innovador, y sea cual sea la estrategia seguida, lo más probable es que la capacidad para valorar la dimensión temporal tenga un efecto significativo en los resultados.

Saber cómo se consumen y difunden las innovaciones

El impacto de las innovaciones depende de hasta qué punto se difundan. El estudio clásico de este asunto, titulado *Diffusion of Innovations*, es una obra escrita en 1962 por Everett Rogers, quien en la primera página del libro sostiene: «Suele ser muy difícil que una idea llegue a adoptarse, aunque tenga ventajas obvias. Muchas innovaciones requieren un periodo largo, a menudo de muchos años, desde el momento en que están disponibles hasta que se adoptan de forma generalizada». Las decisiones sobre si aceptar o no una innovación no son instantáneas, sino más bien un proceso que ocurre con el paso del tiempo y que consiste en una serie de actuaciones diversas. En un primer momento, un conjunto de condiciones previas introduce el proceso a los consumidores, lo que incluye sus experiencias anteriores, sus necesidades y problemas, las normas de su sistema social (por ejemplo, de su grupo social) y que predomine un «espíritu innovador». La adopción de una innovación va, por tanto, muy unida al contexto social en el que ocurre. Para Rogers, el proceso de innovación-decisión es tan social y psicológico como económico.

Esto significa que las organizaciones que desarrollan productos y servicios innovadores deben entender cómo se consumen sus propuestas y qué significado llevan asociado. El Walkman de Sony (un reproductor portátil de música en cintas de casete) se creó en su origen para que los jóvenes urbanos oyeran su música. Disponía de dos conectores de auriculares para oír música con amigos de forma simultánea, porque escuchar música a solas en lugares públicos se consideraba descortés: se suponía que el placer de la música es algo que se comparte por naturaleza. Sin embargo, el Walkman lo compró mucha más gente, jóvenes y mayores, sobre todo quienes practicaban actividades al aire libre, como salir a correr o montar en bici; y la gente oía la música de forma individual. El Walkman se usó de un modo más personal que compartido. El Walkman II de Sony tuvo un diseño nuevo con una sola clavija para auriculares. La imagen de la práctica de actividades al aire libre también se incorporó a la publicidad del producto. El Walkman II de Sony fue un gran éxito porque los diseñadores conocían mejor qué usos le darían los consumidores.

La socióloga japonesa Ritsuko Ozaki analizó los motivos por los que los consumidores compraban coches híbridos, en concreto el Prius de Toyota. Descubrió que su consumo se debía no ya a que reduce el uso de carburantes, sino también a que pone de manifiesto la pertenencia a una comunidad verde. Los inconvenientes económicos (el desembolso inicial y los gastos de mantenimiento subsiguientes) se revelaron de una importancia capital, ya que los consumidores valoraban especialmente cuestiones como el ahorro de combustible y la reducción de impuestos de circulación. Factores como el tamaño, la comodidad o que fuera silencioso o fácil de usar se sumaban a los aspectos práctico, racional y utilitario a la hora de decidirse a comprarlo. La fama de coche fiable y la experiencia previa de los consumidores conduciendo un Toyota u otros coches híbridos también influían. Los compradores también valoraban mucho las aparentes ventajas medioambientales del vehículo y la afinidad con sus valores o convicciones medioambientales. Esto refleja manifestaciones personales y sociales a través del consumo. El interés por la tecnología también es muy relevante. Algunas personas se sienten atraídas por la tecnología y tienen una actitud positiva hacia las novedades técnicas, como la combinación de un motor eléctrico con otro de combustión interna en los coches híbridos.

El consumo de innovación, por tanto, va más allá de las razones económicas, prácticas y estéticas, e incluye presiones y normas sociales, y actitudes personales hacia la novedad y las experiencias nuevas.

Cuando se adopta una perspectiva social más amplia sobre la difusión de las innovaciones, se afirma desde hace mucho que las innovaciones tecnológicas radicales exigen grandes ajustes en la sociedad y la economía de la que forman parte. Eso puede abarcar desde estructuras industriales nuevas hasta la necesidad de desarrollar habilidades, relaciones industriales y regulaciones novedosas, todo lo cual puede requerir muchos años, cuando no décadas. Pero uno de los fenómenos empresariales más extraordinarios de los últimos años ha sido el crecimiento veloz de las plataformas de redes sociales, como Twitter e Instagram, las empresas de comercio electrónico, como Alibaba y eBay, y las organizaciones de «economía colaborativa», como Uber y Airbnb. Esto significa que, mientras muchas innovaciones complejas, como la microgeneración de electricidad en el hogar, tardarán tiempo en desarrollar los diversos aspectos de su tecnología, economía y aceptación social para coevolucionar, cuando se cubre una gran demanda social latente (como abaratar el coste de la vivienda o del transporte), las ideas radicales se difunden con rapidez.

3

El puente tambaleante de Londres: aprender de los errores

El análisis que hacía Schumpeter de la innovación como proceso de destrucción creativa implica que los resultados de la innovación pueden ser, al mismo tiempo, positivos y negativos. La innovación crea y destruye riqueza y puestos de trabajo; tiene una repercusión notable en todos nosotros con la creación de nuevas industrias, empresas y productos, tal como vimos en la fábrica que fundó Wedgwood. Se ve en servicios como las aerolíneas de bajo coste y en infraestructuras como los aeropuertos. Mejora la productividad y la calidad de vida en forma, por ejemplo, de nuevos fármacos, nuevos medios de transporte, de comunicaciones, de entretenimiento, y mayor variedad y accesibilidad en los alimentos. Ha ayudado a salir de la pobreza a millones de personas, sobre todo en las últimas décadas en Asia. Los trabajos son más creativos, interesantes y retadores como resultado de la innovación. Pero la aplicación de ideas con éxito también puede tener unas consecuencias muy adversas. Hay naciones y regiones que se quedan atrás cuando no son tan innovadoras como sus competidores, y el resultado es un aumento de las desigualdades. La innovación puede causar una pérdida de cualificación en el trabajo, una reducción de la satisfacción laboral y un aumento del desempleo. La innovación nos ha traído las consecuencias medioambientales del motor de combustión interna y de los clorofluorocarbonos, de las bombas de racimo y de las armas químicas, y los resultados tóxicos de los complejos instrumentos financieros que provocaron la crisis global en 2008.

Predecir las consecuencias adversas de la innovación puede resultar tan difícil como prever sus efectos positivos: son impredecibles y pueden estar mezclados. En el lado positivo, el motor de combustión interna democratizó los viajes, el uso de clorofluorocarbonos en los refrigeradores mejoró la nutrición, y las innovaciones financieras nos ofrecieron la protección de mejores seguros de vida y mejores pensiones. Pero la naturaleza ambigua de los resultados de la innovación se ve cuando esta falla. La mayoría de los intentos para innovar son infructuosos, y la distribución de sus resultados es muy desequilibrada, pero el fracaso es, de por sí, un resultado importante, y ahora nos centraremos en él.

El fracaso

La innovación es arriesgada ya que, por ejemplo, los innovadores deben tener en cuenta:

- El riesgo de demanda: ¿qué tamaño tendrá el mercado para un producto o servicio nuevo? ¿Surgirán competidores nuevos?
- El riesgo comercial: ¿habrá financiación adecuada para asumir los costes de la innovación? ¿Qué efecto tendrá una innovación en la reputación organizacional y las empresas?

- El riesgo tecnológico: ¿funcionará una tecnología, es segura, y cómo complementa a otras tecnologías? ¿Surgirán tecnologías competidoras mejores?
- El riesgo de organización: ¿se están usando las estructuras adecuadas de gestión y organización? ¿Se cuenta con las capacidades y los equipos necesarios?
- El riesgo de redes de conexión: ¿existen los socios colaboradores adecuados y las cadenas de abastecimiento necesarias? ¿Hay lagunas importantes?
- Riesgos contextuales: ¿qué grado de inestabilidad tienen las políticas públicas, las regulaciones y los impuestos, así como los mercados financieros?

En teoría, el riesgo se puede medir y controlar mediante un cálculo de probabilidades, aunque siempre es arriesgado contar con que el pasado permita predecir el futuro. Por otra parte, la incertidumbre tiene resultados realmente desconocidos y no se puede medir, y su control depende de decisiones basadas en una gran experiencia y en la intuición. Los riesgos y las incertidumbres son lo que depara tantos fracasos en innovación pero, al mismo tiempo, ofrecen un incentivo. Si no hubiera riesgo ni incertidumbre y, por tanto, todo el mundo pudiera innovar con facilidad, entonces la innovación supondría muy poca ventaja frente a los competidores.

Los fracasos también ofrecen oportunidades valiosas para mejoras futuras, tal como se vio con el bochornoso caso del puente del Milenio de Londres. Esta vía suspendida entre el Museo Nacional Británico de

Arte Moderno y la catedral de San Pablo es el primer puente peatonal que se construye sobre el río Támesis desde hace más de cien años. Es un logro extraordinario de la ingeniería, la arquitectura y la escultura, un diseño de tal belleza que se ha descrito como una «lámina de luz» sobre el río (véase la figura 3). El puente se inauguró el 10 de junio del año 2000 y entonces lo cruzaron entre 80.000 y 100.000 personas. Sin embargo, cuando lo atravesaban grupos grandes se notaba la inestabilidad creciente de la estructura, por lo que pronto empezó a conocerse como el «puente tambaleante». La pasarela se cerró dos días después, lo que causó gran malestar en todos los implicados.

Tras un meticuloso esfuerzo internacional, se detectó la causa y se corrigió. El problema, al parecer, estaba en la forma de andar de los varones, con los pies hacia fuera, como un pato. Cuando muchos hombres caminan a la par, se produce una «excitación lateral síncrona». De haber sido un puente exclusivo para mujeres no habría habido ningún problema. Aquella debacle trajo como consecuencia un avance en el conocimiento del diseño de puentes, y los proyectos futuros permitirán que gran cantidad de hombres crucen juntos y felices los ríos del mundo con sus andares de pato.

El puente del Milenio es un ejemplo de la cantidad de progresos en ciencia, ingeniería e innovación que se basan en fracasos. Tal como dijo el químico Humphry Davy: «El más importante de mis descubrimientos surgió de mis errores». Y, tal como lo expresó Henry Ford: «El fracaso no es más que la oportunidad de volver a empezar con más inteligencia». Los datos empíricos revelan lo desiguales que son los réditos de las nuevas ideas (es lo que los físicos y economistas

Figura 3. El puente del Milenio: un gran éxito tras un comienzo tambaleante.

llaman una «distribución de ley de potencias»). Solo unos pocos artículos académicos, patentes, productos y *start-ups* tienen éxito. En casi todos los casos, la mayoría de los beneficios proceden del 10 % de las inversiones en innovación. En algunos ámbitos, la desigualdad es aún mayor. En cualquier momento dado puede haber hasta 8.000 posibles fármacos nuevos en investigación en todo el mundo, pero tal vez solo uno o dos tendrán éxito.

También hay un factor temporal importante para el fracaso: las cosas que se consideran un fracaso pueden acabar siendo un éxito, como el puente del Milenio, y los éxitos pueden convertirse en fracasos con el paso del tiempo. Tras su introducción en 1949, el avión Havilland Comet fue decisivo para el desarrollo de la industria aeronáutica comercial internacional.

El Comet se consideró una innovación de gran éxito hasta mediados de la década de 1950, cuando la aeronave empezó a desplomarse desde las alturas con una regularidad alarmante. En aquel momento se sabía muy poco sobre fatiga de materiales en ingeniería aeronáutica, que era la causa de los accidentes, pero el diseño de aeronaves mejoró como resultado de las lecciones aprendidas a partir de aquellos fallos.

También hay productos que son un éxito tecnológico, pero fracasan en el mercado. El sistema de vídeo Betamax de Sony era mejor que su competidor, el sistema VHS de Matsushita, pero perdió la guerra competitiva para convertirse en el sistema imperante en el mercado. El avión supersónico de pasajeros Concorde fue una maravilla de la técnica en su época, pero solo se vendió a los gobiernos británico y francés, sus fabricantes conjuntos.

No siempre se puede estimar qué va a ser valioso en el futuro. El Newton, uno de los primeros asistentes personales digitales de Apple, fue un fracaso notorio. Costaba más que un ordenador, y un análisis técnico memorable lo consideró tan grande y pesado que solo podría llevarlo encima un canguro. Su fracaso le costó el puesto al CEO de Apple. Pero diez años después, su sistema operativo se usó en el iPod, y varias características del Newton se incorporaron al iPhone.

El fracaso tiene un coste personal, y los innovadores deben desarrollar estrategias para afrontar el fracaso que impliquen un reconocimiento propio del valor que tuvo para aprender, para pensar y para conocerse uno mismo. De manera análoga, las organizaciones deben apreciar el valor del fracaso y aprender de sus lecciones.

Aprendizaje

La innovación se manifiesta en nuevos productos, servicios y procesos. Menos materiales, aunque no menos reales, son las opciones que ofrece para el futuro y el aprendizaje que promueve a nivel corporativo y personal.

Las organizaciones aprenden a hacer mejor las cosas que ya hacen, aprenden a hacer cosas nuevas y aprenden sobre la necesidad de aprender. Las organizaciones aprenden inevitablemente haciendo cosas conocidas; cuanto más haces algo, mejor sueles ser. Pero las innovaciones radicales y disruptivas, aquellas que implican logros significativos y que rompen con las viejas maneras de hacer las cosas, plantean grandes dificultades a las organizaciones y a su forma de aprender. Las rutinas y las maneras ya instauradas de hacer las cosas frenan en realidad el aprendizaje sobre esas formas de innovación. Centrarse en lo que ya existe genera beneficios positivos, inmediatos y predecibles; centrarse en lo novedoso produce resultados inciertos, distantes y a menudo negativos. Esto estimula la tendencia a una explotación de las alternativas conocidas en lugar de la exploración de las desconocidas. La innovación radical implica tecnologías desestabilizadoras de las capacidades existentes, y las innovaciones rompedoras implican apartarse de los clientes existentes y de las fuentes estables de ingresos. Hay razones de peso para que las organizaciones procuren evitarlas.

Y ahí es donde entra el liderazgo, proporcionando el estímulo y los recursos para hacer cosas que las organizaciones consideran difíciles, pero que son necesarias para su viabilidad continuada. La afirmación positiva de los resultados de la innovación, a través de análisis y evaluaciones *a posteriori* de los proyectos, y su difusión por toda la organización crea una base para nuevas formas de aprendizaje. Cuando los resultados positivos de la innovación pasan a recordarse como historias de la organización y mitos corporativos, favorecen los esfuerzos por romper con la rutina y con las prácticas institucionalizadas, y estimulan el aprendizaje en todas sus variantes.

Empleo y trabajo

Existe un debate continuo sobre el impacto de la innovación en el empleo y sus efectos en la cantidad y la calidad de los trabajos. La innovación ha contribuido al desplazamiento histórico masivo de la agricultura a la industria en la ocupación global, y de ahí al sector servicios, pero su repercusión en los sectores y organizaciones depende de las circunstancias y de las decisiones particulares.

El debate en sí mismo tiene una larga historia. Adam Smith diría que el aumento del tamaño del mercado conduce a mayores oportunidades para la división del trabajo, la sustitución de personas por máquinas y la posible pérdida de cualificación. Para Marx, la automatización conduce inevitablemente a la sustitución de la mano de obra, a reducciones de sueldo y a una opresión mayor de los trabajadores. Schumpeter defendería que, como la innovación crea y destruye trabajos al mismo tiempo, habrá desajustes laborales y de cualificaciones en los sectores en declive y los nuevos sectores innovadores emergentes, lo que conllevará dolorosos ajustes y periodos de falta de las cualificaciones necesarias y de desempleo.

Una visión considera que la innovación en productos y servicios tiene efectos positivos en los trabajos y las capacidades, y que la innovación en procesos y operaciones produce efectos negativos. Como veremos en el capítulo 5, Edison creó trabajos muy especializados en su «fábrica de inventos», y gran cantidad de trabajos no cualificados en su fábrica de producción. Los trabajos especializados estaban vinculados a la innovación en productos, donde las ideas eran valiosas; los trabajos no cualificados estaban relacionados con la innovación en procesos, donde la maquinaria reducía la necesidad de pensar. Pero es positivo tener trabajadores cualificados en líneas de producción, y las organizaciones tienen que decidir sobre cómo usar las innovaciones. El diseño de la maquinaria y la configuración de tareas repercute en el uso de las capacidades. Debido a esas decisiones y como resultado de los ajustes necesarios cuando los sectores evolucionan en respuesta a la innovación, hay mayores incentivos para que los individuos, las empresas y los gobiernos inviertan continuamente en enseñanza y formación.

Las organizaciones deben entender que la innovación puede ser gratificante y estresante al mismo tiempo; estimulante e inquietante. Puede incentivar y motivar, pero también puede infundir miedo al cambio y a la pérdida de estatus. Puede crear división, de tal modo que una parte de la organización asuma un trabajo satisfactorio y bien remunerado, mientras que otras estén mal pagadas e insatisfechas. Puede ser excluyente y negar a la gente el acceso a ciertos puestos de trabajo por su formación o su género particular.

Beneficios económicos

La productividad (el índice que relaciona las salidas con las entradas) aumenta cuando los recursos se usan con más eficiencia. Aumentar la inversión en mano de obra y capital mejora la productividad («más pasta»). También aumenta cuando la innovación y las mejoras tecnológicas y organizativas contribuyen a lo que se conoce como productividad multifactorial («más beneficios por tu dinero»). Al final, la riqueza económica depende de la mejora de la productividad, y eso suele impulsarlo la innovación. El crecimiento de la productividad multifactorial en Estados Unidos en la década de 1990, por ejemplo, fue unido a las tecnologías de la información y de la comunicación y al empleo de sus productos en diferentes sectores de la economía. Un crecimiento mucho más reciente en la productividad multifactorial ha ocurrido en el sector servicios, como en el comercio minorista y mayorista, y esto se puede atribuir en parte al empleo de las tecnologías digitales.

La rentabilidad está impulsada por gran cantidad de factores, tales como en qué grado unas organizaciones son mejores y más eficientes que sus competidoras en lo que se refiere a diseño, fabricación y entrega de cosas, así como las preferencias de los clientes por marcas concretas y su disposición a pagar precios que aporten el beneficio requerido a los innovadores. La innovación contribuye a obtener beneficios proporcionando ventajas específicas en la venta de productos y servicios; en sus características, precios, tiempos de entrega, posibilidades de mejora o mantenimiento. La propiedad intelectual se puede vender y ceder mediante licencia, y se pueden crear nuevos negocios *start-up* para generar beneficios a partir de la innovación. La actividad innovadora a gran escala, en inversiones en I+D o en plantas y equipamientos, puede disuadir a la competencia y, por tanto, mejorar las oportunidades de ganancia.

Para que las organizaciones obtengan beneficios financieros de inversiones en innovación deben apropiarse de las ganancias. En algunas circunstancias, la innovación puede estar protegida por una ley de propiedad intelectual para patentes, *copyrights* y marcas registradas. En otras, la protección proviene de aptitudes y comportamientos difíciles de reproducir, como la capacidad para adelantar con rapidez a los competidores, conseguir mantener la confidencialidad o retener al personal importante. En todos los casos, la contribución de las innovaciones suele ser desigual, de tal modo que la mayoría de los beneficios provienen de unas pocas innovaciones.

Los estándares técnicos que permiten la interoperabilidad entre componentes y sistemas confieren ventaja económica. Aquellas organizaciones que poseen estándares, o cuyas ofertas se ajustan a ellos, tienen ventajas frente a las que no.

Una búsqueda continua: el caso de IBM

La búsqueda constante, amplia y estimulante de innovación se ve a lo largo de la historia de IBM. Esta goza de un reconocimiento generalizado como una de las empresas más innovadoras del mundo, con una importancia capital en el descubrimiento y el desarrollo de, entre otras cosas, superordenadores, semiconductores y superconductividad. Ha invertido recursos inmensos en innovación. Gasta miles de millones de dólares en I+D al año, produce más patentes que cualquier otra compañía, crea con regularidad productos y servicios icónicos, y en su plantilla ha habido cinco premios Nobel. Tiene ventajas enormes en innovación comparada con casi cualquier otra empresa del mundo, pero su búsqueda de innovación es un ejemplo para otras organizaciones, en el sentido de que las estrategias deben evolucionar continuamente y nunca hay que dormirse en los laureles.

IBM se creó en 1924, pero su historia se remonta a la fundación por parte de Herman Hollerith de la Tabulating Machine Company en 1896. Hollerith (1860-1929) desarrolló una máquina que usaba electricidad y procesadores de tarjetas perforadas para mecanizar el procesamiento de datos del censo estadounidense. Llamó a la máquina *hardware* («componente duro») y a las tarjetas, *software* («componente blando»). Hollerith trabajó durante un tiempo en la Oficina del Censo de Estados Unidos y era muy consciente de la necesidad de mejorar la eficiencia en el procesamiento de datos. El censo de 1880 había tardado siete años en compilarse, y se temía que la versión de 1890 se demorara aún más. La máquina de tabulación de Hollerith satisfizo el requisito de la Oficina del Censo de lograr una compilación y un tratamiento de datos veloz y eficiente. Su empleo permitió analizar los datos de 1890 en seis meses, lo que ahorró millones de dólares, y con posterioridad se empleó para censos en Canadá y Europa. En 1912, Hollerith había vendido su empresa y, aunque siguió siendo ingeniero asesor jefe, tuvo una vinculación cada vez menor con la compañía. Durante muchos años se había negado a responder a las peticiones e ideas de la Oficina del Censo para perfeccionar sus máquinas. Cuando expiraron las principales patentes de Hollerith a mediados de 1906, la Oficina desarrolló su propio tabulador, el cual utilizó en el censo de 1910. Tuvo que llegar Thomas Watson en 1914 para mejorar el rendimiento técnico de las máquinas tabuladoras y para potenciar las relaciones de la empresa con sus clientes.

Como presidente de IBM, Thomas Watson (1874-1956) fue fundamental para desarrollar el empleo de electrónica en la empresa. Él avaló la investigación que realizó en la década de 1930 el científico Howard Aiken de Harvard sobre el desarrollo de una máquina de cálculo digital. En 1945, en colaboración con la Columbia University, abrió el primer Watson Scientific Computing Laboratory, en Nueva York. El laboratorio de IBM Thomas Watson sigue siendo en la actualidad uno de los mayores laboratorios de investigación industrial del mundo. Durante la Segunda Guerra Mundial, la empresa entabló relaciones muy próximas con el gobierno estadounidense, sobre todo en material militar y planificación de logística bélica.

Durante sus cuarenta y dos años en IBM, Watson convirtió la compañía en una gran corporación internacional. Su hijo, Thomas Watson Jr, lo sucedió como presidente. Desde finales de la década de 1950 hasta la década de 1980 y tras inversiones masivas en I+D, IBM se convirtió en líder mundial en computadoras centrales *(mainframe)*, sobre todo con su sistema de computación System 360, lanzado en 1964 (véase la figura 4). El System 360 sigue siendo en términos reales una de las mayores inversiones privadas que se han hecho jamás en I+D. La empresa, valorada por entonces en 1.000 millones de dólares, dedicó 5.000 millones a su desarrollo. En 1985, IBM poseía el 70 % del mercado mundial en computadoras centrales *(mainframe)*. Tenía una experiencia inigualable en *hardware* y *software*, y sus habilidades empresariales la convirtieron en una de las empresas más admiradas del mundo.

A mediados de 1970, la empresa empezó a apostar por ordenadores más pequeños. El ordenador personal de IBM (PC), lanzado en 1981, fue uno de los productos más icónicos del último siglo, junto con el System 360; en esencia, creó el mercado de masas para las computadoras personales. Surgió de un grupo de desarrollo de IBM que había fracasado en tres intentos previos para crear un PC. El desarrollo fructuoso del ordenador personal exigió renunciar a la estrategia previa de IBM basada en la autonomía y en el desarrollo interno de todos los componentes. La empresa decidió comprar componentes grandes, como circuitos integrados y sistemas operativos, a pequeños proveedores. En sus inicios, el producto fue un gran éxito y captó el 40 % del mercado.

Sin embargo, entre finales de la década de 1980 y principios de la de 1990, IBM atravesó serios apuros y casi cayó en bancarrota. El ordenador personal de IBM había contribuido a sembrar las semillas de su propio hundimiento. IBM no controlaba los derechos de propiedad intelectual de sus componentes, y los pequeños proveedores (Intel y Microsoft) crecieron con rapidez, hasta hacerse más grandes y poderosos que IBM, y suministraron su tecnología a la competencia. Además, la cultura general de IBM seguía enfocada en computadoras centrales históricamente rentables, al mismo tiempo que la competencia de precios de los fabricantes japoneses conllevó un colapso de los márgenes de beneficios. El número de *The New York Times* del 16 de diciembre de 1992 incluía en su editorial la

Figura 4. La computadora System/360 de IBM (IBM S/360):
IBM «se jugó la compañía» al apostar por su desarrollo.

siguiente opinión: «La era IBM ha terminado… la que
otrora fuera una de las compañías de alta tecnología
más aclamadas del mundo ha quedado relegada al papel de remolque, y a menudo responde despacio y con
poca eficacia a las grandes fuerzas tecnológicas que
moldean el sector». La historia del ascenso y la caída
de Herman Hollerith volvió a resonar.

Una respuesta ante la experiencia «cercana a la
muerte» de IBM consistió en designar un nuevo CEO,
Lou Gerstner, el primero nombrado desde fuera de
IBM. La compañía atravesó una reestructuración
enorme y una transformación esencial en cuanto a
estrategia comercial. Tomó la impactante decisión de
vender su negocio de ordenadores personales a Leno-
vo en China, con lo que se desprendió de lo que se
consideraba una de sus competencias esenciales. Pasó
de ser un fabricante de tecnología a convertirse en un

73

vendedor de soluciones a los problemas de los usuarios. Su objetivo consistió en ofrecer el mejor servicio posible a los clientes, aunque eso implicara utilizar la tecnología de la competencia. Al mismo tiempo, a pesar de sus dificultades financieras, se tomó la decisión de que, como la fuerza de la compañía en el pasado provenía de su «postura ante la ciencia y la ingeniería», en el futuro debía continuar invirtiendo en investigación. De este modo, se persiguieron más innovaciones desde la comunidad tecnológica de la compañía y los centros de I+D. Estas fuentes internas reinventaron básicamente la computadora central *(mainframe)* utilizando microprocesadores y arquitecturas paralelas. IBM también se volvió mucho más abierta a ideas procedentes de fuera, en un intento por romper con su introspección anterior y el síndrome de lo «no inventado aquí». Comenzó a usar estándares técnicos y *software* abiertos en lugar de aquellos de los que tenía la propiedad, y empezó a colaborar más en su desarrollo tecnológico embarcándose cada año en numerosas colaboraciones con otras organizaciones. Entre sus innovaciones para el mercado figuraron la supercomputación, el comercio electrónico, las redes sociales y las tecnologías *web*.

En la actualidad, la compañía utiliza ampliamente sus tecnologías de intranet y redes sociales para dar a conocer y compartir ideas entre su plantilla. La empresa, que cuenta con unos 380.000 empleados, la mitad de ellos científicos e ingenieros, y con doce laboratorios de investigación a nivel mundial, dispone de unos conocimientos tecnológicos descomunales a los que recurrir. IBM consiguió más de 9.000 patentes nuevas en EE. UU. en 2017, más que ninguna otra compañía. Pero, a medida que la firma se desplaza hacia nuevas áreas tecnológicas, como la computación cognitiva, y que compite en mercados agresivos, como los servicios en la nube, aún se enfrenta a numerosas incertidumbres, lo que pone de manifiesto los desafíos de mantenerse en la primera línea tecnológica y que la innovación es un viaje, no un destino.

4

Stephanie Kwolek y el nuevo polímero: de los laboratorios a la riqueza

Mucha gente y numerosas organizaciones contribuyen a la innovación. Los estudios a gran escala de empresas innovadoras, como el Community Innovation Survey de la Unión Europea, por ejemplo, evidencian gran variedad de agentes que contribuyen a ella. Estos estudios también clasifican la relevancia de las distintas fuentes, y revelan que las más importantes radican dentro de la propia organización. La innovación proviene, en primer lugar, de la energía, la imaginación y la cultura local de los empleados para identificar y resolver problemas. Recibe estímulo de los individuos y espacios de trabajo innovadores, y de las estructuras y prácticas formales de organización, como los departamentos de I+D y los instrumentos de gestión para desarrollar productos nuevos.

El segundo lugar en importancia como fuentes de innovación, de acuerdo con estos estudios, lo ocupan los usuarios y clientes, seguidos por los proveedores de bienes y servicios. Las ferias y exposiciones, los congresos y encuentros profesionales y las publicaciones académicas y comerciales figuran como relevantes para una minoría de empresas. Las fuentes de innovación con menos peso, según revelan estos estudios, son las universidades y los laboratorios de investigación públicos.

Estas clasificaciones esconden un panorama mucho más complejo. La confianza en la innovación interna, por ejemplo, convierte las organizaciones en entes introspectivos y, tal vez, poco preparados para afrontar cambios procedentes de fuera en cuanto a mercados y tecnologías. Depender de los clientes para tener ideas innovadoras probablemente conducirá a estrategias conservadoras de tipo «mejor no meneallo». Las universidades son esenciales como creadoras de invención para sectores basados en la ciencia, y como desarrolladoras de productos y servicios innovadores en sus primeras fases de gestación, y también forman y preparan a los trabajadores para dotarlos de las capacidades necesarias para innovar.

Tal como nos mostró Josiah Wedgwood, la innovación suele implicar la combinación de ideas derivadas de muchos puntos de partida diferentes. El gran científico Linus Pauling decía que la mejor manera de tener una buena idea es tener muchas de ellas, y el mismo punto de vista es aplicable a la búsqueda de innovación a partir de múltiples participantes. La opinión de Schumpeter de que la innovación requiere «combinaciones novedosas» entre mercados, tecnologías y conocimiento, suele conllevar ideas integradoras de muchas áreas ajenas a la propia organización y con varios agentes externos. El estímulo para innovar tal vez no resulte de fuentes concretas, con contribuciones jerárquicas, sino de múltiples fuentes de ideas que se entrecruzan y combinan cuando se dan las circunstancias necesarias y de la lucha por la supervivencia en tiempos de inestabilidad.

La innovación también se ve afectada por factores sociales, culturales, políticos y económicos más amplios. Entre ellos se incluyen las aportaciones de ciudades y regiones, políticas gubernamentales y los «sistemas de innovación» a los que pertenecen y contribuyen las organizaciones. El caso de IBM ilustra la diversidad de fuentes que ha utilizado a lo largo de su historia en pos de la innovación. Veamos ahora los diversos agentes que contribuyen a la innovación.

Emprendedores e inversores de capital riesgo

En contraste con las actividades a gran escala de compañías como IBM, la innovación también resulta de empresarios individuales que la emplean para crear nuevos negocios. El término «emprendedor» empezó a usarse a comienzos del siglo XVIII y se aplica a individuos que descubren, reconocen o crean oportunidades, y después administran recursos y asumen riesgos para obtener un beneficio. Wedgwood es la demostración de la sustanciosa aportación que pueden realizar los emprendedores a la innovación y el desarrollo económico.

Desde Matthew Boulton en el siglo XVIII hasta Thomas Edison en el XIX, Bill Gates en el XX, y Serguéi Brin y Larry Page en el XXI, los emprendedores suelen asociarse con la creación de compañías basadas en la tecnología. Estas empresas prosperan con rapidez a partir de tecnologías novedosas que crean sectores nuevos y cambian los viejos. Algunas personas emprendedoras transforman economías y sociedades enteras. Boulton y su socio, James Watt, desarrollaron la máquina de vapor y la primera empresa mecanizada del mundo, y favorecieron el comienzo de la Revolución Industrial. Entre muchas otras aportaciones, Edison desarrolló la tecnología para producir energía eléctrica y fundó la General Electric Company. Los programas producidos por Microsoft, de Gates, popularizaron el ordenador personal; la creación de Google por parte de Brin y Page transformó el uso de Internet, y ambas compañías han cambiado la forma de trabajar y el ocio.

Estos son ejemplos muy excepcionales. Solo en Estados Unidos se crea alrededor de medio millón de empresas nuevas cada año, y muy pocas, en caso de haber alguna, alcanzarán el éxito de Microsoft y Google. Sin embargo, la creación de empresas nuevas, y los desafíos que plantean a las ya existentes, representan un elemento esencial y una aportación trascendental al capitalismo. Schumpeter distinguía entre dos modelos de innovación. En el modelo Mark I la destrucción creativa está impulsada por la labor empresarial de «romper con la vieja tradición y crear una nueva».

El modelo Mark II de Schumpeter reconocía que el espíritu emprendedor aparece tanto en grandes firmas asentadas como en empresas de reciente creación, lo que refleja la variación de las realidades sectoriales a medida que creció la dimensión de las actividades en I+D formalmente organizadas y a gran escala a partir de la década de 1920. Por tanto, el espíritu emprendedor es el proceso organizacional mediante el cual se buscan, desarrollan y explotan oportunidades en muchas clases distintas de empresas y organizaciones.

En algunas circunstancias, las *start-ups* emprendedoras reciben inversiones procedentes de capitalistas de riesgo dispuestos a asumir riesgos más altos que los bancos convencionales y los bancos de inversión. Muchas de las historias de éxito de empresas en el sector de la informática y la biotecnología de EE. UU., como Google y Genentech, recibieron capital riesgo. Hay distintos modelos internacionales de capital riesgo, pero el de EE. UU. suele considerarse ejemplar. El capital riesgo estadounidense suele incluir fondos procedentes de inversores o corporaciones privados, y sus administradores pueden contar con gran experiencia o conocimiento en sectores tecnológicos concretos y pasar a participar en la gestión de las *start-ups*.

El objetivo de los inversores de capital riesgo suele ser adquirir acciones de compañías incipientes durante sus primeros años para que más tarde les reporten beneficios extraordinarios tras su salida, cuando las empresas en cuestión han alcanzado suficiente madurez para atraer a un comprador o para cotizar en bolsa.

Los capitalistas de riesgo reconocen que la mayoría de sus ganancias llegará de un número limitado de casos de toda su cartera de inversiones. En general, los capitalistas de riesgo tienden a invertir en empresas mejor asentadas, más que en las nuevas y especulativas, cuando se han identificado con claridad las oportunidades tecnológicas y comerciales.

I+D

La I+D es una fuente de innovación significativa, pero no siempre esencial. Las inversiones en I+D ayudan a las organizaciones a buscar y hallar ideas nuevas y a mejorar sus capacidades para absorber conocimiento de fuentes externas. La I+D abarca desde la investigación básica impulsada por la curiosidad y un interés menor por su aplicación, hasta la resolución de problemas prácticos importantes. Sus costes reflejan compromisos nacionales, sectoriales y corporativos muy variados. A nivel internacional, cada año se gastan unos 2 billones de dólares estadounidenses en I+D, según ciertas estimaciones. En términos generales, se concentra en unos pocos sectores principales, que incluyen las tecnologías de la información y de la comunicación y las farmacéuticas. Estados Unidos es el país que más gasta en I+D en términos absolutos. Al examinar gastos relativos en I+D (por lo común medidos como una parte del producto interior bruto de un país), la lista la encabezan países europeos más pequeños, como Finlandia, Suecia y Suiza, quienes le dedican al año más del 3 % del PIB. Una tendencia marcada en los últimos años ha sido el rápido crecimiento del gasto en I+D en algunos países asiáticos, como Corea del Sur, Taiwán y China. Más del 95 % del gasto global en I+D tiene lugar en EE. UU., Europa y Asia (sobre todo en el este asiático), de modo que muchos países, especialmente del hemisferio sur, no pueden competir en esta fuente importante de creación y crecimiento de la riqueza.

Hay grandes diferencias entre países en cuanto al reparto de gastos en I+D entre las empresas privadas y el sector público. En algunos países, como Corea del Sur y Japón, predomina el gasto empresarial. En otros, como Polonia y Portugal, el sector público es la mayor fuente de inversión en I+D.

En 1963, la Organización para la Cooperación y el Desarrollo Económicos (OCDE) decidió que sería útil para la gestión política tener datos internacionales sobre estadísticas de I+D. Tras una reunión celebrada en Frascati, Italia, la guía resultante de aquel encuentro pasó a conocerse como el Manual de Frascati. De acuerdo con este manual, la I+D comprende un trabajo creativo y sistemático realizado con la finalidad de aumentar la cantidad de conocimiento (lo que incluye el conocimiento de la humanidad, la cultura y la sociedad) y de desarrollar nuevas aplicaciones para el conocimiento ya disponible. Diferencia entre la investigación básica, la investigación aplicada, y el desarrollo experimental. El Manual de Frascati ha sido útil para la creación de conjuntos fiables de datos sobre el gasto internacional en I+D. Y ha experimentado una evolución y una ampliación constantes: la séptima edición del manual se editó en 2015. Sin embargo, sigue habiendo problemas significativos para medir la I+D colaborativa y las actuaciones emprendidas en servicios. La OCDE también ha creado el Manual de Oslo para guiar los estudios nacionales sobre innovación, el Manual de Canberra para medir los recursos humanos en ciencia y tecnología, y el Manual de Estadísticas de Patentes sobre el empleo de estadísticas en este campo.

El nuevo polímero de Stephanie Kwolek

Stephanie Kwolek (1923-2014; figura 5) salvó de la muerte y la discapacidad a miles de policías y militares. Como resultado de un proceso tradicional de I+D, inventó el Kevlar, un tejido que se utiliza para confeccionar prendas blindadas. El producto, que es una de las fibras más resistentes fabricadas jamás, tiene más de 200 aplicaciones en objetos tan diversos como las pastillas de freno, naves espaciales, artículos deportivos, cables de fibra óptica, colchones ignífugos, ropa impermeable y turbinas eólicas. Ha generado varios cientos de millones de dólares al año para la compañía química DuPont. Sin embargo, es más conocido por su uso en chalecos antibalas. En 1987, la Asociación Internacional de Jefes de Policía y la empresa Du-Pont fundaron un club de Supervivientes Kevlar para quienes se salvaron de morir o de sufrir daños graves gracias a este producto. Tiene más de 3.000 miembros. Las propiedades protectoras del Kevlar también se han usado ampliamente en el ámbito militar.

Kwolek nació en New Kensington, Pensilvania. Su padre, trabajador metalúrgico, murió siendo ella joven, pero supo conservar la curiosidad de su progenitor, que había sido un naturalista aficionado muy activo. Ella recordaba que pasaba horas diseñando y confeccionando vestidos para sus muñecas y que le interesaba mucho el mundo de la moda. Estudió en un centro que pasó a formar parte de la Carnegie Mellon University y, como no podía costearse los estudios de medicina, se especializó en química.

Decidió que quería trabajar para DuPont. DuPont era y sigue siendo una de las empresas más importantes e innovadoras del mundo. En la década de 1920 fue una de las primeras que invirtió en investigación básica con el «objeto de demostrar o descubrir nuevos hechos científicos». Desarrolló el caucho sintético del neopreno, en 1933, y el nailon en 1938. Dada la escasez de químicos varones como consecuencia de la Segunda Guerra Mundial, muchas mujeres se sintieron atraídas por la industria química. Durante su entrevista de trabajo, Kwolek insistió en saber cuándo sabría de la decisión de la empresa, porque tenía otra oferta. Le ofrecieron el puesto esa misma tarde.

Kwolek se incorporó a DuPont en 1946. Trabajó en el Laboratorio de Investigación DuPont de Delaware durante treinta y seis años tras pasar cuatro años en el mismo grupo en Buffalo, Nueva York. Su labor consistía en desarrollar polímeros nuevos y formas nove-

Figura 5. Stephanie Kwolek: inventora del Kevlar.

dosas de crearlos. Poco después de su llegada, le encomendaron la búsqueda de una fibra revolucionaria que permitiera fabricar neumáticos más ligeros y más robustos. En aquel momento había cierta preocupación por mejorar el rendimiento de los coches para afrontar un déficit de petróleo. Este objetivo se lo habían ofrecido a otros, pero no les interesó. Kwolek notaba que, aunque sus compañeros varones reconocían su competencia, solían ignorarla.

Pero le gustaba el ambiente de trabajo y los retos que le planteaban y, como era una de las pocas mujeres científicas del momento, trabajó muy duro para conservar su puesto cuando los hombres regresaron de la guerra. Le concedieron un alto grado de independencia y libertad para hacer lo que quisiera. (Ella se quejaba de que la investigación moderna era tan acelerada y a tan corto plazo que no había tiempo suficiente para pensar.)

Kwolek estaba especializada en los procesos a baja temperatura para la preparación de la polimerización por condensación. En 1964 descubrió que las moléculas de poliamidas aromáticas de cadena larga formaban, en ciertas condiciones, una solución cristalina líquida que podía hilarse en forma de fibra resistente. Llevó su polímero, de un aspecto turbio y ralo muy poco prometedor, a una máquina para hilarlo. Y entonces constató que el polímero tenía unas características tan extrañas que cualquiera que no lo meditara o que no supiera lo que era lo habría descartado sin más. El técnico encargado se mostró muy escéptico y pensó que la máquina se atascaría con aquella sustancia contaminada, pero al final se animó a intentarlo. Hilaron con éxito un producto tan resistente que Kwolek se vio obligada a repetir las pruebas varias veces para convencerse de su descubrimiento. No habló con nadie sobre su polímero hasta estar segura de sus propiedades. El Kevlar es ignífugo, cinco veces más resistente que el acero y en torno a la mitad de ligero que la fibra de vidrio.

DuPont reconoció de inmediato el valor de los nuevos polímeros cristalinos de Kwolek, y el laboratorio pionero de investigación recibió el encargo de buscarle aplicaciones comerciales. Ella entregó una cantidad pequeña de aquella fibra a un compañero que experimentó con la fabricación de chalecos antibalas. El Kevlar se introdujo con esta finalidad en 1971. Una de las razones por las que tiene aplicaciones tan variadas es su versatilidad: se puede convertir en lana o en hilo, en lana de filamento continuo, en pulpa fibrilada y en tejido laminado. La nueva sustancia química ideada por Kwolek ayudó a DuPont a desarrollar otras fibras, como el spandex Lycra y el Nomex, resistente al calor y a las llamas.

Kwolek atribuyó su triunfo a que veía cosas que otros no veían. Y declaró:

> Para inventar recurro a mi conocimiento, intuición, creatividad, experiencia, sentido común, perseverancia, flexibilidad y trabajo duro. Procuro visualizar el producto deseado, sus propiedades y las formas de conseguirlo... Algunos inventos resultan de acontecimientos inesperados y de la habilidad para reconocerlos y usarlos con provecho.

Kwolek llegó a contar con diecisiete patentes, cinco de ellas para el prototipo del Kevlar. Recibió numerosos premios de prestigio y habló sobre la gran necesidad de que los científicos y el resto de las personas que trabajan en beneficio de la humanidad recibieran reconocimiento. Admitió que la había alegrado mucho que un oficial de policía le pidiera un autógrafo firmado sobre la chaqueta que le había salvado la vida.

El caso de Kwolek y el Kevlar ejemplifica la aportación de un departamento corporativo de I+D a la innovación. También evidencia algunas de sus deficiencias. El polímero pasó dieciocho años en desarrollo, y tardó siete años en comercializarse. Pocas organizaciones, si es que hay alguna, tienen la capacidad de adoptar una estrategia a tan largo plazo hoy en día.

El grafeno es uno de los materiales nuevos más importantes surgidos de la investigación básica en tiempos recientes, y está empezando a usarse en muchas industrias y aplicaciones diferentes. Descubierto por primera vez en 2004 y tras una década de I+D dedicada a sus posibles aplicaciones, ahora lo encontramos en electrónica plástica, textiles y sistemas de depuración de aguas. Se está usando para fabricar ruedas de bicicleta con un 10 % menos de resistencia de rodaje, y con mejor tracción y más aguante a pinchazos que los neumáticos tradicionales. Puede que en el futuro permita construir aviones y automóviles más ligeros y más robustos y, por tanto, más eficientes pero, al igual que cuando se descubrió el Kevlar, es posible que la búsqueda de aplicaciones mediante la investigación básica lleve muchos años.

Clientes y proveedores

Las innovaciones no triunfan si los consumidores o clientes no las usan y, si los usuarios de productos y servicios nuevos se implican en el diseño de lo que necesitan, suele haber más posibilidades de éxito que cuando simplemente se diseña algo para ellos. Las demandas y necesidades nunca podrán articularse por completo ni comunicarse en toda su extensión a través de las barreras existentes entre productores de innovación y sus consumidores y proveedores, pero la colaboración activa entre ellos supera esos obstáculos.

En algunos campos, como el del instrumental médico, la innovación suele provenir de quien lo usa. Los cirujanos y profesionales médicos son creadores habituales de ideas para nuevos instrumentos y técnicas que los ayudan a realizar mejor su trabajo. El mayor productor del mundo de implantes auditivos, Cochlear, surgió gracias al profesor Graeme Clark, un investigador médico cuyo padre sufría una sordera profunda. Clark estaba muy sensibilizado con el sufrimiento de la gente que no puede tratar su sordera con audífonos convencionales y sintió la necesidad de trabajar para mejorar su vida.

Según una estimación, una cuarta parte de los hombres con más de 30 años sufre apnea del sueño, una afección que les provoca alteraciones respiratorias mientras duermen que pueden llegar a ser peligrosas. Hay aparatos médicos que ayudan a controlar este problema. La aparición del mayor fabricante del mundo de aparatos respiratorios, ResMed, se debió al profesor Colin Sullivan, un investigador médico que trabaja en la unidad del sueño de un hospital. Él resolvió el problema insuflando bocanadas de aire por la cavidad nasal. Por suerte para los afectados y sus parejas, el perfeccionamiento continuo del primer diseño ha dado lugar a los dispositivos discretos y silenciosos actuales, que suponen un gran avance frente a la versión inicial, consistente en una máscara de gas y un aspirador.

Algunas compañías implican mucho a los clientes en el diseño de productos nuevos. Cuando Boeing desarrolló la aeronave 777, contó con sus clientes más importantes, United, British Airways, Singapore Airlines y Qantas, para conocer las demandas del mercado. Necesitaba saber cuál era la carga óptima de pasaje en las principales rutas de esas aerolíneas. Pero también se esforzó por conocer las demandas de los usuarios del avión: pilotos y tripulación, ingenieros de mantenimiento y personal de limpieza. Pretendía solidarizarse con los auxiliares de vuelo cuando sirven café en medio de turbulencias y con los ingenieros de mantenimiento que instalan componentes externos en Alaska, a medianoche, a 40 grados centígrados bajo cero o en Yeda, a mediodía, a 50 grados sobre cero. Cuando Boeing desarrolló el modelo 787, abrió una página en

Internet para recibir propuestas inmediatas sobre el proceso de diseño por parte de agentes interesados de todo el mundo. Unas 500.000 personas votaron para elegir el nombre de la aeronave: Dreamliner.

En ocasiones, las empresas de programación lanzan sus productos en versión beta, es decir, en forma de prototipo, para que los usuarios jueguen con el programa en cuestión y propongan mejoras. En esencia, los clientes realizan gran parte del pulido final del producto. Esta estrategia se sigue con productos en propiedad, cuando la empresa espera obtener un beneficio de ellos. Esto no es lo mismo que un programa de código abierto, como el navegador de Internet Mozilla Firefox y el sistema operativo Linux, desarrollados, mantenidos y mejorados continuamente por grupos de programadores voluntarios.

Excluir a los clientes del proceso de mejora del producto puede implicar una gran estrechez de miras. Cuando Sony desarrolló su perro robot Aibo, mantuvo en secreto su código de *software*. Entonces surgió una comunidad de piratas informáticos que desarrolló una variedad mucho más amplia de movimientos para el robot. Entre otros, incluían varios bailes divertidos que lo convertían en un producto mucho más atractivo para los clientes. Sony demandó a los *hackers* y puso fin a su comunidad, pero poco después reconoció su error y se dio cuenta de que la compañía podía aprender de los programas desarrollados fuera de ella. Sony ya no produce el robot Aibo, pero los siguientes productos que sacó se han beneficiado de la tecnología desarrollada para el perro robot en campos tales como la visualización.

Los consumidores también pueden impedir la innovación. A veces son conservadores y complacientes y se aferran a maneras de hacer las cosas que evitan la novedad y el riesgo. Clayton Christensen identificó el «dilema del innovador», el problema de escuchar demasiado a los consumidores. Si los innovadores se limitan a responder a las demandas inmediatas de los clientes, a menudo pasan por alto cambios grandes en tecnologías y mercados, y a la larga pueden quedarse fuera del negocio. En estos casos es una ventaja trabajar con «clientes punteros», gobiernos, empresas o individuos dispuestos a asumir riesgos para favorecer la innovación con el convencimiento de que cosecharán mayores beneficios que siguiendo la opción más segura a corto plazo de no innovar. En la década de 1980, Roy Rothwell describió la relación entre Boeing y Rolls Royce como «clientes duros; diseños buenos»; es decir, los exigentes requisitos que imponía Boeing a sus proveedores de motores aeronáuticos instaron a Rolls Royce a diseñar y crear productos mejores.

Los proveedores innovadores también son un gran estímulo para la aparición de ideas nuevas. En la industria automovilística, un porcentaje elevado del valor de un coche lo aportan los proveedores de componentes, que en el caso de Toyota asciende al 70 % del coste total del vehículo. Toyota mantiene una relación muy estrecha con Nippondenso, un gran fabricante de componentes de automoción con productos innovadores en sistemas de iluminación y de frenos, por ejemplo. El proveedor automovilístico Robert Bosch desempeña un papel similar dentro de la industria automovilística europea.

Las grandes compañías de automoción usan numerosos métodos, que incluyen páginas en Internet y congresos y ferias especializados, para animar a sus proveedores a ofrecer soluciones innovadoras a los problemas que se les presentan. Los coches innovadores se basan en proveedores de componentes innovadores para las empresas fabricantes. La función del fabricante de automóviles (o de la organización responsable de montar cualquier sistema formado por distintos elementos) consiste en fomentar la innovación en los proveedores de módulos o componentes y, al mismo tiempo, en garantizar la compatibilidad de todos los componentes con arquitecturas o sistemas de diseño globales.

El fomento de proveedores innovadores también constituye un objetivo clave de muchos gobiernos. En Estados Unidos, el esquema del programa gubernamental conocido como SBIR (del inglés, Small Business Innovation Research) dedica el inmenso presupuesto federal de adquisiciones a apoyar a pequeñas empresas mediante la compra de productos y servicios innovadores. Este sistema público en concreto invierte más en innovación en las primeras fases de empresas *start-up* que todo el sector del capital riesgo estadounidense.

Colaboradores

La innovación resulta de actividades de organizaciones individuales y, con más frecuencia, de la colaboración entre dos o más organizaciones. Para muchas de ellas, las ventajas de recurrir a la colaboración para contribuir a la innovación superan los costes de repartir los beneficios que reporta dicha innovación. Las colaboraciones se producen en forma de operaciones conjuntas y diversos tipos de asociaciones, alianzas y contratos que implican acuerdos de compromisos comunes para alcanzar objetivos consensuados. Pueden darse entre clientes y proveedores, organizaciones de otros sectores, y hasta con la competencia. Las colaboraciones son características de las economías industrializadas del mundo, y algunas de ellas se prolongan durante décadas.

Las organizaciones colaboran para reducir los costes de desarrollo de innovación, acceder a conocimientos y habilidades diferentes a los que ya poseen, y aprovecharlo como una oportunidad para aprender de sus socios sobre nuevas tecnologías, prácticas organizacionales y estrategias. En circunstancias inciertas y cambiantes, la innovación en colaboración con otros ofrece más posibilidades de éxito que actuar en solitario. Las tecnologías de la información, de la comunicación y otras han abaratado y facilitado la colaboración. Gobiernos de todo el mundo han promovido de manera activa la colaboración como fuente de innovación. Y las organizaciones se han vuelto menos independientes y más abiertas a la colaboración en sus estrategias para innovar.

Distintos tipos de colaboración funcionan mejor en diferentes situaciones. Cuando los objetivos de la colaboración están claros, o cuando se pone el foco en reducir costes con rapidez, funciona mejor entre organizaciones similares. De este modo, hay menos posibilidades de malentendidos y problemas de comunicación. Cuando los objetivos están aún por definir y se busca la exploración y el aprendizaje, la colaboración beneficia al trabajo conjunto entre organizaciones dispares. Se aprende más de la variedad que de la uniformidad. Cuantos más colaboradores hay, más aumenta el nivel de esfuerzo; menos colaboradores mejoran la rapidez.

La colaboración puede resultar difícil de gestionar. Los socios pueden regirse por distintas prioridades y culturas organizacionales. Hay muchas posibilidades de malentendidos, como revela la siguiente anécdota, tal vez apócrifa. Hace unos años se propuso una colaboración entre un grupo de IBM y empleados de Apple. Antes del primer encuentro en común, los representantes de IBM consensuaron su estrategia. Conscientes de que tenían fama de vestir a diario uniformados con traje azul formal, decidieron facilitar las cosas a los empleados de Apple, que solían vestir más informales, asistiendo a la reunión con la ropa del fin de semana. Acudieron en pantalones vaqueros y camiseta para llegar al lugar y encontrarse con la gente de Apple sentada incómoda con trajes azules recién comprados. El hecho de que esto pueda ocurrir entre organizaciones del mismo sector y país pone de manifiesto los problemas que pueden surgir cuando se establecen colaboraciones con empresas de sectores y países diferentes.

Universidades

Clark Kerr, reconocido experto en ciencias sociales y rector de la University of California en otros tiempos, fue muy clarividente al reconocer la trascendencia de las universidades para el desarrollo económico cuando do escribió, en 1963, que:

> El producto invisible de la universidad, el conocimiento, puede ser el elemento individual más poderoso de nuestra cultura… se está instando a la universidad a producir conocimiento como nunca antes… Y también

se le está pidiendo que transmita conocimientos a una proporción de la población sin precedentes.

Él, que defendía que el conocimiento nuevo es el factor más importante del crecimiento económico, señaló la relevancia de la universidad en el desarrollo de sectores nuevos y en la generación de crecimiento regional, e hizo hincapié en la aportación del profesor emprendedor que consulta y trabaja estrechamente con la empresa. En las décadas transcurridas desde entonces, las universidades han recibido cada vez más apoyo por parte de gobiernos y empresas para que dediquen sus energías a transferir de manera activa sus conocimientos a la actividad económica, un cometido que a menudo han asumido con entusiasmo. Esta actividad se promueve tanto en la actualidad que, de acuerdo con algunas voces, se ha convertido en una función tan importante para las universidades como la investigación o la docencia. Sin embargo, las formas en que se transfiere conocimiento a las empresas y en que las universidades contribuyen a la innovación suelen considerarse demasiado simples, y las rutas de acceso al mercado son, por lo común, complejas, polifacéticas y sutiles. La noción de que las ideas y el conocimiento son algo que las universidades producen y «transmiten» a las empresas también se ha visto reemplazada por el convencimiento de que hay que «co-crear» e intercambiar ideas.

Enseñanza. A través de la formación de estudiantes de grado, postgrado y posdoctorado, las universidades preparan a la fuerza de trabajo para crear y aplicar ideas nuevas. La historia de éxito de algunas industrias nuevas, como la eléctrica, la química, la aeronáutica y la informática, se explica en gran parte por la aportación de las universidades de cantidades suficientes de graduados con las competencias necesarias, sobre todo en ingeniería y gestión. Se dice que la mejor forma de intercambio de conocimiento entre la universidad y la economía se sustenta sobre dos patas y sobre el movimiento de quienes resuelven problemas desde la universidad hasta las empresas.

No son solo los graduados en ciencias e ingenierías quienes contribuyen a la innovación. En determinados momentos se han demandado especialistas en filosofía y antropología en Silicon Valley, y los sectores culturales acogen a muchos estudiantes de humanidades. Las escuelas de economía ofrecen cada vez más cursos sobre gestión de innovación y emprendimiento a alumnos de todas las disciplinas. Algunos en el campo de la gestión debaten si las empresas de éxito necesitan una combinación de gente con perfil I (individual), aquella con amplios conocimientos en una materia particular, y de gente con perfil T (transversal), que cuenta con conocimientos amplios además de una especialización particular. La capacidad para encontrar conexiones «a través de gente T» entre disciplinas diversas supone un gran estímulo para la innovación, pero plantea desafíos considerables a los docentes, quienes, además de enseñar sobre ciertas áreas de conocimiento, también deben señalar las conexiones entre ellas.

Las escuelas técnicas desempeñan asimismo un papel importante en la innovación, por ejemplo, formando a técnicos para producir prototipos e instrumental que en ocasiones comercializan ellos mismos.

Ciencia e investigación. La ciencia, término derivado de la palabra latina *scientia*, que significa «conocimiento», ha sido un rasgo del desarrollo humano desde las primeras civilizaciones. La aplicación de la ciencia en innovación industrial, sin embargo, solo comenzó en serio durante la Revolución Industrial y ha sido una de sus características sobre todo durante aproximadamente los últimos 150 años.

Una de las diferenciaciones tradicionales en investigación, y que aparece en el Manual de Frascati, es la que se hace entre la «básica» y la «aplicada». Se cree que la primera resulta de la curiosidad, sin ninguna consideración hacia sus aplicaciones, y que es el cometido particular de las universidades. La segunda se considera dirigida a un uso identificado y suele asumirla la empresa. Sin embargo, algunas empresas realizan inversiones considerables en investigación básica y ciertas universidades fomentan numerosas investigaciones aplicadas, sobre todo en campos profesionales, como la medicina y la ingeniería.

Es más, tal como afirmó Donald Stokes, la distinción clásica entre la investigación «pura», o básica, impulsada por el deseo de saber, y la investigación aplicada, destinada al uso, no incluye una tercera categoría que aspira a alcanzar las dos anteriores mejorando el conocimiento y siendo de utilidad. Él lo denomina el «cuadrante de Pasteur» de la investigación básica inspirada por el uso (véase la figura 6). Los estudios de microbiología de Pasteur siempre estuvieron relacionados con aplicaciones útiles, pero también dieron lugar a un nuevo campo de conocimiento científico. Stokes compara esto con la investigación que realizó Bohr dentro de la física, cuyo esclarecimiento de la estructura atómica brindó una base para el desarrollo de la teoría de la mecánica cuántica, y con los estudios de Edison, guiados por la búsqueda de la utilidad y el beneficio, aunque también se vieran influidos por la teoría. Hay una relación directa y evidente entre la investigación y la innovación en los cuadrantes de Edison y de Pasteur: la relación con el de Bohr puede darse o no, y si llega a materializarse, puede hacerlo en ámbitos inesperados o insospechados. Se supone que Bohr habría mostrado poco interés por la forma en que se use la teoría cuántica para explicar los láseres, y por si podría servir de base a computadoras cuánticas del futuro que utilicen los estados cuánticos de las partículas subatómicas para almacenar información.

De manera análoga, en la breve carta que enviaron a la revista *Nature* el 25 de abril 1953, Watson y Crick declaraban con modestia: «Querríamos proponer una estructura para la sal del ácido desoxirribonucleico (ADN). Esta estructura posee características novedosas de considerable interés biológico». No imaginaron el considerable interés comercial que despertaría más de veinte años después, o la transformación que conllevó aquel descubrimiento para negocios antiguos y nuevos con el desarrollo de la biotecnología y la genómica.

En realidad, la investigación básica y la aplicada son elementos de un continuo con muchas interconexiones. La investigación aplicada puede resultar de los hallazgos de la investigación básica, y la investigación básica puede abordarse para explicar cómo funciona una tecnología ya existente. Uno de los resultados más útiles de la investigación básica lo constituye la instrumentación desarrollada para facilitar la experimentación. Las computadoras, el láser y la World Wide Web (Internet) se desarrollaron con este fin y con poco interés por su posible valor económico, como podrían ser las ubicuas innovaciones actuales.

Figura 6. Cuadrante de Pasteur, de Donald Stokes (1997).

Cuando se trate de abordar los interrogantes científicos y sociales más complejos del mundo, como el calentamiento global, las energías sostenibles, la seguridad alimentaria y la ingeniería genética, las respuestas dependerán de los conocimientos esenciales desarrollados por las universidades y de su uso práctico en la economía.

Compromiso. Dicen que al doctor Jonas Salk le preguntaron una vez a quién pertenecía la vacuna de la polio que había desarrollado. Su respuesta fue «bueno, a la gente, diría yo». Esta respuesta es impensable hoy en día. Desde la aprobación de la ley de Bayh-Dole en Estados Unidos en 1980, que permitió que los centros de investigación fueran propietarios de los resultados derivados de estudios financiados con fondos públicos,

99

las universidades de las economías desarrolladas se han esforzado por ganar dinero con sus investigaciones. Esto suele darse en forma de propiedad intelectual protegida por patentes, licencias para negocios, o a través de empresas *start-up*, surgidas y propiedad en parte de la universidad. Sin embargo, los hechos revelan que la cantidad de casos exitosos de este modelo de comercialización es limitada. Hay algunos ejemplos triunfales llamativos, como la empresa de biotecnología Genentech, creada en 1976 para ayudar a comercializar el descubrimiento del ADN recombinante en la Universidad de Stanford, y vendida a una empresa farmacéutica suiza en 2009 por algo menos de 50 mil millones de dólares. Pero estas empresas son una pequeña fracción de la cantidad total de actividad empresarial que promueven las universidades.

El foco en el que centran la mayoría de su atención los gobiernos y, de hecho, también muchas universidades, es en cuestiones como la concesión de patentes y licencias, en contratos y colaboraciones de investigación y en los centros incubadora y de emprendimiento. También son importantes las actividades sociales y de contactos, que son cruciales para la comunicación entre universidades y empresas sobre nuevos desarrollos y sus posibles aplicaciones. Aunque muchos negocios, sobre todo los más pequeños, colaboran con universidades con el propósito de resolver problemas inmediatos, las empresas más grandes entablan un diálogo más amplio con las universidades para saber hacia dónde se dirige la investigación futura. Las empresas sostienen que el atractivo de trabajar con universidades radica en que tienen una cultura propia diferente. El personal universitario tiene más tiempo para pensar y probar ideas nuevas.

Como agentes que aportan ideas imaginativas y que crean y difunden conocimiento, las universidades y centros de investigación necesitan transmitir continuamente sus habilidades y valorar la mejor manera de colaborar con agentes externos. No cabe esperar que los gobiernos, empresas y filántropos inviertan en universidades y centros de investigación como proveedores de innovación si estas entidades no articulan por completo sus amplias funciones de aportación.

Regiones y ciudades

La innovación se concentra cuando se localiza en regiones específicas, como ocurre con la región alfarera de Staffordshire, en Inglaterra. Esto se hace por razones económicas, ya que la proximidad reduce los costes de transacción y transporte, y las empresas con vínculos estrechos estimulan la creación y difusión de la innovación mejorando la información y el conocimiento mutuos. La innovación se concentra por razones sociales y culturales, lo que incluye ventajas derivadas de una identidad compartida y una mayor confianza entre grupos asociados y cohesionados. Las comunicaciones se ven favorecidas por la proximidad, porque el conocimiento es pegadizo y le cuesta abandonar su origen, sobre todo cuando es complejo o tácito y no se puede poner por escrito.

La región innovadora más conocida es Silicon Valley, cerca de San Francisco, un área de gran concentración y empleo de alta tecnología, que ha estimulado innumerables, y a menudo fructíferos, intentos de copia en todo el mundo. El desarrollo y el crecimiento de Silicon Valley se debió a una serie de factores.

El gobierno fue crucial, y contribuyó a ello de varias maneras, desde ceder terreno a universidades locales para estimular el desarrollo industrial, hasta ejercer como cliente a gran escala de bienes de alta tecnología en sectores militares. Las universidades han aportado su investigación y la formación y preparación de científicos, tecnólogos y empresarios. Instituciones como la Stanford University han desarrollado de forma proactiva políticas para fomentar el compromiso académico con las empresas en sectores como la electrónica y la computación. Se crearon numerosas *start-ups* de alta tecnología, y algunas crecieron con rapidez hasta convertirse en grandes corporaciones, como Hewlett-Packard, Apple e Intel, favorecidas por un mercado de trabajo muy cualificado y móvil, atractivo para empleados con talento, por vínculos con la investigación universitaria y por un acceso inmediato a servicios profesionales, como capitalistas de riesgo y especialistas en patentes. Estos factores contribuyen a crear una cultura, o «agitación», local centrada en la tecnología, dispuesta a asumir riesgos y altamente competitiva, y que genera un círculo virtuoso de iniciativa y recompensa. Ha producido una riqueza enorme y una amplia experiencia en innovación y emprendimiento que vuelve a invertirse en nuevas iniciativas.

A menudo son las ciudades, no regiones, las que brindan un foco de innovación. A lo largo de la historia, distintas ciudades se han asociado en diversos periodos con la creatividad y la innovación, desde Atenas en el siglo v a. de C., hasta Florencia en el siglo xiv, hasta el París finisecular del xix.

Las ciudades son grandes creadoras y demandantes de innovación. La mayoría de las patentes proviene de ciudades, la I+D se realiza en ellas, y, como cuentan con más ingresos, garantizan un consumo mayor de innovación. Algunas ciudades tienen fama de ser núcleos de conocimiento, como Oxford o Heidelberg; otras son conocidas por su genialidad en ingeniería, como Stuttgart o Birmingham; por su innovación financiera o en el sector servicios, como Londres y Nueva York; o por su creatividad y diseño, como Copenhague y Milán. Algunas son famosas por tener una experiencia especial en tecnología, como Bangalore y Hyderabad en India; o por su apoyo al emprendimiento tecnológico, como la ciudad de Hsinchu en Taiwán o las áreas de Jiangsu, Shenzhen y Zhongguancun de China. Muchas administraciones urbanas se han esforzado por aplicar políticas destinadas a identificar y aprovechar la innovación que ofrece una ventaja comparativa frente a otras ciudades a escala internacional. Aunque muchas se han cegado con el atractivo del modelo tecnológico de Silicon Valley, es importante que otras sigan planteamientos distintos y se centren, por ejemplo, en la sanidad, la moda o los medios de comunicación. En el capítulo 6 profundizaremos más en los problemas que plantea la innovación para las ciudades.

Los gobiernos

El debate sobre el papel que desempeñan los gobiernos para respaldar la innovación refleja la ideología política. La intervención del Estado en la innovación se considera esencial en muchos países, incluida la mayoría de los países asiáticos, que lo encuentran crucial para el desarrollo económico y social. Sin embargo, en economías con más «libre mercado», como la estadounidense, la intervención del Estado se ve, al menos aparentemente, con escepticismo y se evita, por lo común haciendo referencia a la incapacidad del gobierno para «escoger ganadores». Sin embargo, las polaridades del pasado entre quienes sostienen, por un lado, que las políticas intervencionistas de innovación distorsionan los mercados y fomentan ineficiencias o, por otro lado, que son componentes esenciales de una buena planificación económica y de políticas industriales efectivas, tienden a hoy en día hacia un terreno intermedio más pragmático. Es ahí donde se reconoce que el gobierno desempeña un papel crucial en innovación, pero que las políticas deben ser selectivas.

Los gobiernos contribuyen de muchas otras maneras a la innovación, aparte de hacerlo a través de políticas de innovación. Una economía estable y próspera potencia la disposición de las empresas e individuos a invertir en innovación y a asumir riesgos. Las políticas monetarias y fiscales efectivas son cruciales para infundir confianza en el futuro. Los países con más empresas e individuos poderosos están mejor preparados para ser innovadores. Buenas políticas educativas crean trabajadores y empresarios con capacidad para crear, valorar y captar las oportunidades para innovar. Los ciudadanos bien formados son más capaces de participar en los debates nacionales sobre innovación y de decidir qué ciencias y tecnologías son aceptables y cómo deberían ser los nuevos productos y servicios. La inversión pública en investigación (que en países desarrollados asciende a una media de un tercio del gasto total en I+D) brinda muchas de las oportunidades para innovar. Esta inversión se realiza con frecuencia con miras más largas que las del sector privado. Las políticas de competencia impiden que los monopolios pongan barreras a la innovación; las políticas comerciales incrementan el tamaño de los mercados para productos y servicios innovadores; las leyes de propiedad intelectual pueden ofrecer incentivos a la innovación; las regulaciones en áreas como la protección medioambiental estimulan la búsqueda de innovación. El acceso libre y gratuito a información archivada por el sector público aumenta las oportunidades de innovación. La innovación, en un mundo altamente conectado por la vía digital, se inhibe a menos que el gobierno actúe para garantizar la privacidad personal y para fomentar códigos éticos de conducta cuando se trata de reunir y usar datos. Las políticas abiertas de inmigración permiten el flujo internacional del talento y son una fuente de diversidad, algo esencial para el pensamiento innovador. La legislación laboral puede ayudar a crear ámbitos de trabajo justos, seguros y participativos que favorezcan la innovación.

Los gobiernos pueden fomentar la innovación a través de su capacidad de contratación: son el primer comprador de innovación en cualquier país. El gasto público en informática, infraestructuras, farmacia y muchas otras áreas, supera el del sector privado, de modo que las compras del estado son un gran estímulo para la innovación.

Una postura de liderazgo por parte de los gobiernos puede determinar el tono o el ambiente en el que se fomenta la innovación. Cuando el discurso político se orienta hacia el futuro y es ambicioso (recordemos el plan de John F. Kennedy para llevar al «hombre a la Luna», o la revolución en ciencia y tecnología del «calor blanco» a la que apeló Harold Wilson, o la visión y la orden de innovar para modernizar la economía china que lanzó el presidente Xí), favorece más la innovación que cuando el discurso es relajado y regalado con el orden establecido o cuando va unido a una visión romántica del pasado. Es más probable que los trabajadores públicos apoyen la innovación si no temen a ser censurados por el más mínimo error o por adoptar un comportamiento arriesgado.

Aparte de estas formas de apoyo, muchos gobiernos desarrollan políticas específicas en favor de la innovación. Estas han tendido en el pasado, especialmente en cuanto a gastos, a centrarse en I+D, sobre todo en forma de exenciones fiscales: las empresas que gastan en I+D reducen el monto de los impuestos que pagan. Ha habido gran variedad de políticas adicionales diseñadas para promover la innovación. Estas incluyen programas de demostración para mostrar las ventajas de innovaciones específicas; programas de asesoramiento, para ayudar a las organizaciones a mejorar su capacidad para innovar; programas de inversión que ofrecen subsidios o incrementan la cantidad de capital riesgo disponible para innovación, y la creación de nuevas organizaciones que intermedian entre la investigación y la empresa.

Las políticas públicas de fomento a la innovación se han justificado de muchas maneras. Entre ellas figura, como una de las más prácticas, el temor a la competencia internacional. La respuesta del gobierno estadounidense al creciente dominio de la competencia japonesa en el sector de los semiconductores en la década de 1980, por ejemplo, llevó a la creación de un consorcio de fabricantes estadounidenses, Sematech, dirigido a producir tecnologías competitivas. Muchas iniciativas paneuropeas en el sector informático durante ese mismo periodo se diseñaron para que Europa tuviera la capacidad de resistir frente a la competencia estadounidense y japonesa. Algunas políticas creadas supuestamente para fomentar la innovación son simples formas de apoyo a un sector, calificadas como bienestar empresarial, si se prefiere que no suene tanto a caridad. Un ejemplo de ello serían los programas desarrollados en todo el mundo para dar un respaldo constante a la industria automovilística en apuros en circunscripciones electorales especialmente disputadas.

Muchos de los razonamientos para justificar la intervención del gobierno apelan a «deficiencias del mercado». Así, se afirma que la I+D genera conocimiento accesible a bajo coste para la competencia de quienes asumieron el riesgo de invertir en ella. De modo que las ganancias «públicas» de las inversiones superan las ganancias «privadas» y, por tanto, hay una tendencia a la subinversión. Para resolver esta deficiencia del mercado, el gobierno justifica el apoyo financiero en I+D en las empresas.

Esta modalidad de apoyo, que se corresponde con el grueso de la inversión pública en políticas de innovación, tiene muchas limitaciones. En primer lugar, está vinculada a la I+D, que no es más que una de las muchas vías para crear innovación y, en numerosos sectores y circunstancias, ni tan siquiera la más relevante. También cabe la posibilidad de que esté restringido lo que se entiende por «I+D» y que queden fuera aportaciones importantes a la innovación, como el desarrollo de programas informáticos y de prototipos. En segundo lugar, malinterpreta las inversiones necesarias para obtener beneficios públicos. La capacidad de las empresas para acceder a I+D realizada por otros no es gratuita. Requiere inversiones para permitir que los receptores absorban las nuevas ideas. En tercer lugar, si las deficiencias del mercado conducen a invertir en I+D por debajo del nivel óptimo, entonces tiene que existir un nivel óptimo, pero hay pocas pistas sobre cuál tendría que ser ese valor. En cuarto lugar, los mecanismos de prestación de ayuda en I+D son muy genéricos (suelen ser en forma de exenciones fiscales por invertir en I+D), a diferencia de su ejecución. Rara vez hay dotaciones para apoyar I+D adicional a aquella en la que se invertiría sin que hubiera dinero público. Las bonificaciones fiscales se ofrecen a todo un sector en su conjunto, sin posibilidad de seleccionar objetivos estratégicos. Además, los gastos de aplicación y adaptación suelen exigir grandes desembolsos, lo que favorece a los candidatos más grandes y poderosos, en lugar de favorecer a sus equivalentes más pequeños y, por lo común, más merecedores de estas ayudas.

Otra posible defensa de las políticas públicas para promover la innovación consistiría en apelar al fallo de los sistemas. A pesar de los reparos que despiertan los peligros de que el gobierno contemple los sistemas nacionales de innovación como mecánicos y predecibles, cuando en realidad suelen ser cambiantes e impredecibles, tiene cierto sentido verlos desde la perspectiva del gobierno. El gobierno es el único agente capaz de tener una visión global de los sistemas nacionales de innovación, y el único capaz de influir en su construcción y funcionamiento completos. Puede valorar el rendimiento, identificar lagunas y debilidades, y respaldar instituciones y políticas que establezcan conexiones. El desafío para las políticas relacionadas con los sistemas nacionales de innovación radica en que se presta mucha atención a la descripción de los elementos del sistema, y muy poca a lo que hace el sistema o, tal vez lo más importante, a lo que debería hacer.

El criterio esencial para una política de apoyo a la innovación es hasta qué punto fomenta y facilita la circulación de ideas por toda la economía y dentro de los sistemas nacionales de innovación, y en qué medida potencia la posibilidad de que se combinen e implementen todas juntas con éxito. Esta circulación de ideas se da en numerosas direcciones, a menudo impredecibles: entre las empresas manufactureras, las proveedoras de servicios y las de recursos; los sectores público y privado; la ciencia, la investigación y el comercio, y en el ámbito internacional, entre redes de investigación o cadenas de suministros para producción. Las políticas de innovación deberían, pues, preocuparse de fomentar el flujo de ideas, la capacidad de las organizaciones para recibirlas y usarlas, y de eliminar los obstáculos que impiden la conexión efectiva entre los distintos agentes que contribuyen a la innovación.

La circulación de ideas se fomenta con acceso libre a la información y a los resultados de estudios financiados con fondos públicos, con instituciones que establezcan conexiones entre usuarios y creadores de conocimiento, con regulaciones que estimulen, o al menos no obstaculicen, las inversiones en innovación, y con leyes atinadas de propiedad intelectual que afronten el gran desafío de infundir confianza sobre la propiedad para favorecer el comercio, sin la falta de incentivos que aparece cuando se premian las situaciones de monopolio. La receptividad a la innovación en las organizaciones depende de las capacidades, la organización y la calidad de la gestión de los receptores. Las políticas imprecisas, como las exenciones fiscales en I+D, solo son valiosas en la medida en que aumentan la calidad y la cantidad de la capacidad de las organizaciones para seleccionar y utilizar ideas nuevas.

Sistemas

El increíble éxito de la industria japonesa en las décadas de 1970 y 1980 animó a buscarle una explicación. Un análisis concluyó que resultó de la capacidad de Japón para organizar los diversos elementos de su economía en un sistema nacional de innovación. Según esta interpretación, el gobierno japonés desempeñó un papel central en la coordinación de grandes inversiones de empresas en áreas importantes y emergentes de tecnología industrial. La fuerza de Japón como consumidor de componentes electrónicos, por ejemplo, se cree resultado de la gran eficacia del Ministerio de Comercio Exterior e Industria japonés para recopilar información mundial sobre nuevas tecnologías y para organizar los esfuerzos de las grandes empresas electrónicas, como Toshiba y Matsushita, para aprovechar las nuevas oportunidades. La capacidad del gobierno japonés para hacer esto se ha exagerado, pero lo cierto es que sí ejerció gran influencia, y los estudiosos empezaron a reflexionar sobre las contribuciones a la innovación de las instituciones nacionales y sus características, y sobre las formas en que se combinaron para dar lugar a un sistema. Las pesquisas continuaron para intentar esclarecer el peso de los actores principales y cuáles eran las más importantes de sus interacciones, y así obtener cierta capacidad para estimular la innovación a nivel nacional.

Los primeros estudios de los sistemas nacionales de innovación siguieron dos planteamientos diferentes. Uno, de corte principalmente estadounidense, siguió un enfoque económico y legal, y se concentró en las instituciones clave del país, incluidas las de investigación, formación, finanzas y legislación. En este caso, los sistemas nacionales de innovación efectivos se consideraban caracterizados por una investigación de alta calidad, que proporciona nuevas opciones de negocio; un sistema educativo que genera graduados y técnicos bien cualificados; una disponibilidad de capital para invertir en proyectos arriesgados y en negocios nuevos y emergentes, y una defensa legal firme de la propiedad intelectual. El otro planteamiento, de enfoque sobre todo escandinavo, se centraba más en la calidad de las relaciones empresariales dentro de una sociedad. Los sistemas nacionales de innovación efectivos se consideraban caracterizados por vínculos estrechos entre consumidores y proveedores de innovación, influidos por el grado de confianza entre la gente y las organizaciones dentro de una sociedad y el aprendizaje que ello genera.

Estos planteamientos fueron desarrollados en sus inicios por académicos interesados en analizar y entender por qué ocurre la innovación, y por qué adopta formas particulares. Así, por ejemplo, surgió la pregunta de por qué algunos países, como EE. UU., son especialmente fuertes en innovación radical (explicada por la solidez en la investigación básica) y por qué otros, como Japón, son muy potentes en innovación incremental (explicada por una coordinación eficaz del intercambio de información entre clientes y proveedores). Pero la idea de los sistemas nacionales de innovación arraigó enseguida en círculos gubernamentales y de políticas públicas como una manera de prescribir y de planificar cómo podrían configurarse las instituciones y sus relaciones. Organizaciones internacionales, como la OCDE, han emitido numerosos informes sobre instituciones de varios países, pero suelen ser muy descriptivos y estáticos, sin llegar a explicar cómo evolucionan los sistemas nacionales con el tiempo. Lo que sí incluyen es la valiosa observación de que lo que importa no es tan solo qué instituciones existen en un país, sino con qué eficacia trabajan juntas.

Al mismo tiempo que florecía el estudio de los sistemas nacionales de innovación, algunas voces empezaron a plantear si lo más útil era realizar el análisis a nivel nacional. Surgió el interrogante de por qué los países suelen tener éxito innovando en algunos sectores y regiones, pero no en otros. Estados Unidos tiene Silicon Valley en California, pero también alberga el Rust Belt (o «cinturón del óxido») en el nordeste, una zona de industrias de ingeniería pesada y siderúrgicas en decadencia. Los estudiosos han defendido la importancia de los sistemas de innovación regionales, sectoriales y tecnológicos. Analizan las características de las regiones fructíferas, como la Ruta 128 en los alrededores de Boston y Cambridge en Massachusetts, como Cambridge en el Reino Unido, Grenoble en Francia y Daejon en Corea del Sur. Analizan diferencias en cuanto a patrones de innovación en los sectores de las máquinas herramienta y de los textiles. Y también analizan por qué la innovación en biotecnología se produce de forma distinta a la innovación en nanotecnología. Dada la alta inversión en innovación por parte de grandes empresas multinacionales que operan fuera de sus fronteras, los investigadores también han apelado al papel de los sistemas globales de innovación.

El concepto de *sistemas de innovación* ofrece un marco útil, pero los sistemas sociales no son sistemas de ingeniería cuyos componentes e interacciones entre ellos se conocen, planifican y construyen. Estos sistemas atraviesan sucesos impredecibles, y evolucionan y cambian de maneras inesperadas. Así, por ejemplo, la ventaja inicial en investigación biotecnológica que tenía la Harvard University, se perdió en favor de la Stanford University porque salió elegido un alcalde populista en Boston que alimentó el temor de la gente a las consecuencias desconocidas de la investigación genética. Lo que importa es pensar cómo se interrelacionan y cómo evolucionan con el paso del tiempo todas las instituciones que contribuyen a la innovación, junto con las prácticas y relaciones comerciales. Y, con independencia del nivel de análisis (ya sea global, nacional, regional, sectorial o tecnológico), lo importante es entender cómo se relacionan entre sí y cómo coevolucionan.

Los gobiernos tienen un peso fundamental en el desarrollo de los sistemas de innovación, tal como se ve con una claridad especial en Asia. La industrialización de Asia en las últimas décadas ha conducido a un desarrollo social y económico extraordinario de la región. Corea del Sur, por ejemplo, ha pasado de ser el segundo país más pobre de la Tierra en la década de 1950, a convertirse en miembro de la OCDE, el club de los treinta países más ricos del mundo. La industrialización asiática ha exigido un desarrollo veloz en investigación, educación, finanzas y legislación. Países como India, Corea del Sur, Taiwán y Singapur han desarrollado sistemas nacionales de innovación coherentes, y se han convertido en importantes agentes internacionales que contribuyen a la innovación. Los modelos de desarrollo han sido diversos. Corea del Sur, por ejemplo, ha dependido de grandes conglomerados empresariales; Taiwán, de redes de pequeñas empresas; Singapur, de la inversión extranjera directa procedente de grandes multinacionales, y China ha aplicado con pragmatismo todas esas estrategias al mismo tiempo. En Asia Oriental, el proceso de desarrollo ha estado muy dirigido por el Estado y, como es natural, esto ha sido así sobre todo en China.

China ha experimentado el desarrollo industrial más rápido y notable de la historia. Desde la devastación que sufrió con la Segunda Guerra Mundial, la guerra civil y la revolución cultural, ha emergido como una potencia manufacturera mundial, con grandes inversiones en ciencia, tecnología y educación, y con capacidad para desafiar la hegemonía occidental en innovación. La transformación de la innovación en China ha resultado de un liderazgo político firme. El presidente Hu Jintao propugnó un país orientado a la innovación siguiendo una senda de innovación con características chinas, algo que también fomentó el presidente Xi Jinping. El discurso político en China habla de un «crecimiento armónico», y la necesidad de lograr un desarrollo inclusivo es el mayor desafío al que se enfrenta la innovación en China. Esto incluye la necesidad de usar la innovación como un medio para reducir la brecha económica entre pobres y ricos, y las diferencias entre regiones costeras y la China interior. La evolución del sistema nacional de innovación de China hacia otro que le permita competir en pie de igualdad con Occidente en innovación sigue incompleta y en curso, pero está claro que el Estado mantendrá su papel de liderazgo firme. Como la mayoría de las cosas en China, cuando se toman decisiones afectan a gran escala, así, por ejemplo, la decisión de privatizar los institutos públicos de investigación industrial implicó la contratación de alrededor de un millón de personas por parte de unas 2.000 organizaciones, y su transformación se produjo con rapidez.

5

Thomas Edison: un genio organizacional

Las organizaciones deciden cómo organizarse para afrontar los desafíos siempre cambiantes de la innovación; las estructuras y procedimientos que adoptan, el personal y los incentivos que usan. Todo ello refleja sus estrategias y objetivos de innovación.

Edison

Thomas Edison (1847-1931) es recordado por su inventiva y por la gran variedad de innovaciones que aportó. Obtuvo más de mil patentes y, entre otros logros destacados, desarrolló el fonógrafo, la bombilla eléctrica y el suministro de electricidad, y perfeccionó el teléfono, el telégrafo y la tecnología de las imágenes en movimiento. Fundó numerosas empresas, incluida General Electric. También fue el primero en proponer una forma muy estructurada de organizar la innovación, y ese será el tema que nos ocupará aquí.

Al igual que Josiah Wedgwood, Edison fue el hijo más pequeño de una gran familia modesta, apenas recibió formación académica reglada, empezó a trabajar muy pronto, a los 12 años, y sufría una discapacidad, sordera, que repercutió en su vida y en su obra. Tuvo unas inquietudes similares a las de Wedgwood e igualmente fue muy trabajador. Asimismo, compartió con él su admiración por Thomas Paine, lo que también influyó en su visión demócrata del mundo. Edison era en ocasiones brusco, irascible e impaciente, pero también podía ser afable, cercano y generoso.

Edison comenzó su vida laboral como operador de telégrafo, y empezó a experimentar con él en el turno de noche, cuando nadie lo observaba. Su primera patente, un instrumento para el recuento eléctrico de votos, recibió un premio cuando Edison tenía 22 años. La notoriedad de sus inventos lo catapultaron de sus comienzos humildes a los círculos más elevados. Presentó el fonógrafo ante el presidente Hayes en la Casa Blanca en 1878, y entabló una estrecha amistad con Henry Ford. Dicen que convenció a Ford del potencial del motor de gasolina. Entre sus socios comerciales figuraron los grandes capitalistas del momento, como J. P. Morgan y los Vanderbilt.

La estrategia de Edison en el mundo de los negocios fue implacable y despiadada. Exigía a sus empleados un perfeccionamiento continuo de las innovaciones y despreciaba enérgico cualquier oposición. Su campaña en contra de la corriente alterna, y de promoción de la corriente continua, la opción que él prefería para la transmisión eléctrica, descendió al desagradable nivel de una guerra publicitaria sobre sus ventajas relativas para la silla eléctrica. Edison no dudó en recurrir a demostraciones de electrocutación de animales con corriente alterna para poner de manifiesto los riesgos que entrañaba. Una de esas demostraciones fue la del sacrificio de la desafortunada y malhumorada elefanta Topsy, cuya muerte en el parque de atracciones Lunar Park fue filmada por Edison para luego darle un uso publicitario. La corriente alterna, el mejor de los dos sistemas, acabó imponiéndose, y la naturaleza encarnizada de la guerra entre esos dos estándares técnicos rivales revela con claridad la importancia de contar con la versión dominante.

Aunque Edison disfrutó de grandes éxitos comerciales, también tuvo su parte correspondiente de fracasos. Hubo desviaciones caras e improductivas hacia la minería y la fabricación de cemento. No reconoció el interés del público por la fama de los músicos cuando, durante años, se negó a nombrarlos en las grabaciones. Con su aplomo característico, decía que no había fracasado jamás, sino que había descubierto 10.000 maneras de que algo no funcionara.

La tenencia de la propiedad intelectual fue crucial para Edison. Las patentes surgidas de la investigación realizada en sus laboratorios se atribuían a Edison independientemente de su contribución. Uno de sus asistentes más veteranos declaró: «Edison es en realidad un nombre colectivo y hace referencia al trabajo de muchos hombres». La ferocidad con que defendía sus propias patentes lo llevó a despreciar en ocasiones la propiedad intelectual de otros. Él y sus socios comerciales usaban patentes con regularidad para bloquear el desarrollo de la competencia.

Aplaudido a lo largo de toda su vida y considerado un «mago» por la prensa, afrontó críticas hostiles por parte de sus rivales. Entre sus detractores se encontraba Nikola Tesla, quien tenía toda la razón para ser ácido con él. Tesla había trabajado para Edison cuando desarrolló la corriente alterna, antes de comercializarla con Westinghouse Corporation. Tesla denunció que no le había pagado lo prometido. Más adelante Edison lamentó haberlo tratado así. Se especula con que la razón por la que el propio Edison no siguió perfeccionando la corriente alterna, a pesar de tener muchas oportunidades para hacerlo, fue porque no la había desarrollado él mismo, lo que manifiesta un caso claro del síndrome «no inventado aquí». Tras el fallecimiento de Edison, Tesla informó para la posteridad sobre el absoluto desprecio de su exjefe por las normas más elementales de higiene.

La manera en que Edison organizaba sus esfuerzos para producir inventos derivaba de su postura general ante la innovación. Siempre trabajaba en varias líneas de investigación al mismo tiempo, con la idea de dejar abiertas todas las opciones hasta que apareciera la alternativa más sólida, para entonces concentrar en ella todos los recursos y los esfuerzos. Al trabajar en numerosos proyectos a la vez, Edison distribuía los riesgos de tal modo que las fuentes futuras de ingresos no dependieran de un desarrollo único. Era muy consciente de que la resolución de un problema conduciría a otros, a menudo completamente inesperados, y sabía lo importante que era la suerte, la serendipia y el azar.

Edison exploró la posible combinación de ideas procedentes de distintos ámbitos y siguió la estrategia de reutilizar componentes verificados en otras máquinas para aplicarlos como elementos fundamentales a diseños nuevos. Edison decía que absorbía con agrado ideas procedentes de cualquier fuente, empezando a menudo donde otros lo habían dejado. El desarrollo y la comercialización de la bombilla, por ejemplo, combinó ideas procedentes de una red de investigadores, financieros, proveedores y distribuidores. Aunque la idea de la bombilla existía desde hacía décadas, Edison usó corriente de baja intensidad, un filamento carbonizado y un vacío de alta calidad para desarrollar un producto bastante duradero. Su principio consistía en experimentar y crear el máximo de prototipos posible a pequeña escala, y en desarrollar diseños de lo más simples. Una vez logrado el avance, sabía que requeriría gran cantidad de investigación y experimentación continuada para convertirlo en un producto de éxito. Decía que solía llevarle entre cinco y siete años perfeccionar una cosa, y algunas se quedaban sin resolver veinticinco años después. Según afirmó: «El genio es un 1 % de inspiración y un 99 % de transpiración».

Edison sabía que el mayor rédito lo recaudaba quien controlaba el sistema técnico, no quien producía sus elementos individuales, ya que esta última persona depende de la configuración del sistema. Su concepción de los sistemas se reveló sobre todo en el desarrollo de la industria de distribución eléctrica que empezó a funcionar en Nueva York en 1882. Consciente de la aprehensión de la gente hacia lo desconocido, Edison mezcló con ingenio lo nuevo con lo ya existente en su sistema de electricidad. Usó una infraestructura reconocible para suministrar electricidad, incluyendo la instalación de cables soterrados como las tuberías de gas y la utilización de la instalación de gas existente en los hogares.

Al igual que muchas de sus innovaciones, la estrategia de Edison para organizar sus laboratorios de investigación se basó en la experiencia de otros. La industria del telégrafo en la que Edison inició su carrera contaba con cierta cantidad de pequeños talleres de investigación con una serie de equipos experimentales. Edison había dirigido experimentos en uno de esos talleres en Boston y, tras su llegada a Nueva York en 1896, utilizó otro de ellos antes de montar su propio laboratorio en Newark para crear su diseño de un marcador eléctrico de cotizaciones bursátiles.

La innovación organizacional de Edison radicó en la amplitud y la escala de las actuaciones investigadoras acometidas. Invirtió más recursos financieros y tecnológicos en innovar de los que había dedicado cualquier otra organización con anterioridad. Edison creó el laboratorio de Menlo Park en 1876 para dedicarse por completo al «negocio de los inventos». En 1880, 75 de los 200 residentes de Menlo Park trabajaban para Edison en este lugar, situado a unos 40 kilómetros de Manhattan, en lo que entonces era una pequeña localidad. Menlo Park empezó con una oficina, un laboratorio y un taller de maquinaria. Con el paso de los años, Edison añadió un invernadero, un estudio de fotografía, un taller de carpintería, una caseta para producir carbono, herrerías y un taller adicional de máquinas. Asimismo incorporó una biblioteca.

Por entonces solo unas pocas de las mejores universidades estadounidenses contaban con laboratorios, y los que había estaban mal equipados y destinados sobre todo a la enseñanza. Pero Edison disponía de un equipamiento científico de calidad que incluía un costoso galvanómetro de reflexión, un electrómetro y dispositivos fotométricos. En cuestión de dos años, sus instrumentos alcanzaron un valor de 40.000 dólares (el equivalente a 900.000 dólares a precio del año 2016), lo que suponía una inversión descomunal para la época. El objetivo de Edison era contar con todas las herramientas, máquinas, materiales y competencias necesarias para inventar e innovar en un solo lugar.

En su momento álgido, Edison contó con más de doscientos maquinistas, científicos, artesanos (por entonces solo empleaba a hombres para estas tareas), y peones para ayudar con los inventos. Se organizaban por equipos de diez o veinte personas, y cada uno de ellos trabajaba simultáneamente para transformar ideas en prototipos viables. Como todos los integrantes de cada equipo tenían el mismo objetivo, la comunicación y el entendimiento mutuo eran primordiales. En seis años en Menlo Park, Edison registró 400 patentes. Su objetivo era conseguir un invento modesto cada diez días, y un invento de envergadura aproximadamente cada seis meses.

En 1886, Edison trasladó su laboratorio principal a West Orange, en Nueva Jersey, para aumentar la dimensión de su capacidad investigadora y de fabricación. West Orange era diez veces más grande que Menlo Park. El biógrafo de Edison, Josephson, describe la razón de aquel traslado:

> Tendré el mejor equipamiento y el laboratorio más grande que existe, y unas instalaciones superiores a cualquier otra para el desarrollo veloz y barato de un invento y para darle forma comercial con patrones de modelos y máquinas especiales... Inventos que antes requerían meses y costaban grandes sumas se pueden lograr ahora en dos o tres días con muy pocos gastos, ya que traeré un lote de casi cualquier material imaginable.

La fábrica de Edison realizaba las piezas necesarias para la investigación, y la investigación ideaba y creaba las máquinas para la producción a gran escala en la fábrica. Durante el desarrollo del fonógrafo a lo largo de más de cuarenta años, los cilindros diseñados por la investigación se hicieron en un principio de láminas de aluminio, después de un compuesto de cera y más tarde de plástico. El primer uso que acabó teniendo el fonógrafo no fue el que se había pensado en primer lugar. Mientras se producía este aprendizaje tecnológico y de mercado, la capacidad para multiplicar con rapidez la producción de configuraciones nuevas ayudó a Edison a obtener cuotas de mercado sustanciosas. Las fábricas de Edison en Nueva York llegaron a emplear en cierto momento a más de 2.000 personas con lo que la empresa se convirtió en una de las empresas industriales más grandes de la época. A diferencia de los laboratorios de trabajo de alto rendimiento, estas fábricas de producción masiva funcionaban con una gran división del trabajo, y el trabajo repetitivo y no cualificado dio lugar a muchos conflictos laborales.

La dimensión de las actividades en West Orange multiplicó inevitablemente la departamentalización y la administración, lo que requirió más tiempo de Edison. Aunque fue un lugar muy fructífero, nunca llegó a igualar la extraordinaria productividad del periodo de Menlo Park. A Edison se le atribuye la frase: «De cuello para abajo cualquier hombre vale un par de dólares al día, de cuello para arriba vale lo que sea capaz de producir con el cerebro». Él arremetía contra los «cabeza de chorlito» y los «cabeza de alcornoque», y decía: «Un hombre que no prepara la mente para cultivar el hábito de pensar se pierde el mayor placer de la vida». Contrató a graduados, pero solía preferir a generalistas antes que a especialistas, y hay quien defiende que esto limitó el desarrollo futuro de su organización de investigación. Sus métodos de contratación fueron idiosincrásicos. Durante los primeros años mostraba a los aspirantes un montón de chatarra y les pedía que ensamblaran las piezas y lo avisaran al acabar. El revoltijo era una dinamo, y quienes lograban montarla superaban la prueba para conseguir el empleo. En los últimos años redactaba extensos cuestionarios sobre conocimientos generales que debían superar los aspirantes a inspectores para ascender.

El estilo de Edison consistía en comunicar a sus trabajadores un esquema general de lo que quería, y después dejarlos decidir la mejor manera de conseguir los objetivos. Se rumorea que en cierta ocasión espetó: «Diablos, aquí no hay ninguna regla; intentamos conseguir algo». Uno de los empleados de Edison declaró: «Aquí no hay nada privado. Todo el mundo tiene libertad para ver todo lo que pueda, y el jefe le contará todo lo demás».

«Dirigía paseándose», aconsejando y animando a los equipos. Edison trabajaba unas dieciocho horas al día, y el ejercicio que realizaba yendo de una mesa de laboratorio a otra le reportaba «más bien y más entretenimiento… que el que obtienen algunos de mis amigos y rivales practicando deportes como el golf». Balwin, biógrafo de Edison, declara que «sentía la necesidad» de «deambular democráticamente y de manera ostensible arriba y abajo por los pasillos, ubicuo, husmeando sin parar con las mangas remangadas y dejando caer con descuido la ceniza del puro sobre los hombros de soldadores y troqueladores».

La plantilla trabajaba una cantidad extraordinaria de horas al día. Tesla se quejó de que durante sus dos primeras semanas solo consiguió dormir 48 horas. Cuenta la leyenda que Edison trabajaba cinco días seguidos, con sus cinco noches, pero probablemente fueran solo tres, y se sabía que la mejor hora para contactar con él en la fábrica era después de medianoche. Otro de sus biógrafos, Miller, señala: «El peor delito en el laboratorio de Edison era irse a dormir. Esto era una fuente de desgracias, a menos que pillaran al jefe dormido, y entonces todos lo seguían». Se usaban varios métodos para disuadir a los soñolientos, como el «revividor de cadáveres», que era un ruido terrorífico junto al oído, y el «resucitador de muertos», que al parecer consistía en espabilar a los durmientes con una pequeña sustancia explosiva.

Trabajar para Edison podía ser incluso peligroso. Su asistente principal, Clarence Dally, perdió un brazo y la mayor parte de una mano realizando experimentos con fluoroscopia durante los cuales el propio Edison estuvo a punto de perder la vista. La prensa local informó de que Edison tuvo la generosidad de declarar que, aunque Dally había quedado inhabilitado para realizar cualquier trabajo, él le mantendría la nómina.

Josephson deja constancia de comentarios reveladores de dos empleados de Edison. Al primero, un joven solicitante de empleo, le dijo: «Todo el que solicita un empleo quiere saber dos cosas: cuánto pagamos y cuánto se trabaja. Bien, no pagamos nada y trabajamos todo el tiempo». El aspirante aceptó el trabajo. El segundo, un hombre que reflexiona sobre los cincuenta años que trabajó para Edison, comenta los sacrificios que le supusieron tantas horas de trabajo, entre otros, no ver crecer a sus hijos. Al preguntarle por qué lo hizo, respondió: «Porque Edison hacía el trabajo interesante. Me hacía sentir que estaba haciendo algo para él. No era un simple trabajador».

A pesar de estas prácticas, que hoy en día parecen draconianas, Edison favorecía que la plantilla fuera creativa y productiva. Ciertos empleados clave recibían bonos por los beneficios de los inventos, aunque esos incentivos no llegaron a Nikola Tesla. Socializaba

Figura 7. Edison fomentaba el juego tanto como el trabajo duro. Aquí los trabajadores asisten a una sesión de «canto».

con los trabajadores ofreciéndoles refrigerios, puros, chistes, relatos, bailes y cantos (véase la figura 7). Organizaba un almuerzo popular a medianoche. Había un tren eléctrico para jugar con él y un oso como mascota. Según Andrew Hargadon, académico de gestión tecnológica:

> Los colegas [ingenieros] podían trabajar varios días seguidos en busca de una solución, después salpicaban su trabajo a altas horas de la noche con descansos de pastel, tabaco y canciones subidas de tono alrededor del órgano gigante que dominaba un extremo del laboratorio.

Uno de los ayudantes de Edison, citado en Millard, declaró que había «una pequeña comunidad de espíritus afines, todos en su juventud viril, entusiastas con su trabajo, expectantes de grandes resultados», para quienes el trabajo y el juego eran indistinguibles.

Tesla se quejaba de que Edison se fiaba más del instinto y la intuición que de la teoría y el cálculo, y las prácticas en el laboratorio parecían caprichosas en ocasiones. Cuando buscaba el mejor material para la bombilla, experimentó con materiales insólitos, desde pelo de caballo hasta corcho o las barbas de sus trabajadores. Cuando se produjo el descubrimiento con la lámpara incandescente de filamento de carbono, la plantilla de Edison no reparó en el alcance de su hallazgo hasta varios meses después del acontecimiento.

No obstante, había orden y disciplina. Edison alardeaba de no haber perfeccionado jamás un invento que no contemplara en términos del servicio que daría, diciendo que detectaba lo que el mundo necesitaba y después procedía a inventarlo. Los proyectos debían tener una aplicación comercial práctica. Edison, conocido por sus «conjeturas», insistía en que los ayudantes de laboratorio llevaran inventarios detallados de sus experimentos en más de mil cuadernos, lo cual además venía bien para el registro de patentes y las disputas. La experimentación era amplia: se usaban 6.000 especies distintas de plantas, sobre todo bambús, para los filamentos carbonizados, y se realizaron 50.000 experimentos independientes para desarrollar la batería de níquel-hierro de Edison. Uno de los ayudantes de Edison que trabajó estrechamente con su jefe, registró 15.000 experimentos sobre un problema particular. West Orange contaba con una biblioteca inmensa de unos 10.000 volúmenes, y Edison leía constantemente sobre biología, astronomía, mecánica, metafísica, música, física y economía política.

Aunque lo criticaban por su desprecio de la formación reglada, empleó a dos matemáticos eminentes, uno de los cuales acabó como profesor en Harvard y el MIT. Uno de sus mejores químicos era conocido como «Basic Lawson» («Lawson Básico»), por su apego a los principios científicos más elementales. Edison conoció y admiró a Pasteur y al físico y médico alemán Helmholtz, y Einstein dio una conferencia en la compañía. Aunque resulte un tanto incongruente, George Bernard Shaw trabajó para Edison durante un tiempo desde Londres.

Los artefactos y dibujos eran fuentes de creatividad y de información importantes. A Edison se le atribuye la frase: «Se puede hallar inspiración en un montón de chatarra. A veces consigues ensamblarla con buena imaginación e inventar algo». Dicen que en 1887 su laboratorio tenía 8.000 variedades de sustancias químicas; toda clase de tornillos, cuerdas, cables y agujas; pelo de animal, desde pelo de camello hasta de visón; plumas de pavo real y de avestruz; pezuñas, cuernos, caparazones y dientes de tiburón. A Edison le resultaba más fácil pensar en imágenes que en palabras. Cuando lo contrató la Western Union Telegraph Company en 1877 para perfeccionar el teléfono inventado por Alexander Graham Bell, creó más de 500 bocetos que acabaron llevando a su diseño mejorado.

Además de los esfuerzos que dedicaba a la producción interna, Edison cultivaba con asiduidad sus contactos comerciales e investigadores. Era un marchante de tecnología que transfería investigación entre sectores. Aparte de los experimentos que realizaba por iniciativa propia, trabajó bajo contrato en investigaciones relacionadas con el telégrafo, la luz eléctrica, el ferrocarril y la industria minera. Tal como lo expresa Hargadon:

> Edison difuminaba con discreción la frontera entre los experimentos que realizaba para otros y los que efectuaba para sí mismo. Nadie sabía si el resultado de una investigación para la que lo habían contratado se aplicaba después a otro proyecto ni si el equipamiento experimental creado para un cliente se usaba en trabajos para otro.

Según Hargadon, esta capacidad para la innovación continua radicaba en su habilidad para saber explotar el paisaje interconectado de su tiempo.

Edison seguía una estrategia de ensayo y error, trabajo duro y persistencia; era metódico, riguroso y decidido, y recurría a mentes preparadas y a una supervisión atenta. Creía que la innovación surge no del ingenio individual, sino de la colaboración, y esta capacidad para trabajar en equipo y de forma transversal llegó como resultado de una cultura, un ambiente y unas relaciones sociales e industriales favorables.

Edison trabajó en plena transición de la era del gran inventor individual a la era de la organización sistemática y corporativa de la innovación. Creó una forma de organización para la emergente sociedad tecnológica moderna que fue emulada con rapidez por grandes empresas, como los Laboratorios Bell y General Electric. En un artículo publicado en *The New York Times* el 24 de junio de 1928 se calculaba que los inventos de Edison habían creado industrias valoradas en 15.000 millones de dólares (209.000 millones al precio de 2017). Su fama era universal. El presidente Hoover calificó a Edison de «benefactor de toda la

Figura 8. Viñeta «Apague la luz», de Clifford K. Berryman, 1931. El presidente de EE. UU. Herbert Clark Hoover hizo un llamamiento para que se apagaran las luces eléctricas y se dedicara un «minuto de oscuridad» en memoria de los logros de Edison. En la hoja del dibujo se lee: «Como respuesta al deseo universal de rendir un homenaje personal a la memoria del Sr. Edison, propongo que toda la gente apague las luces durante un minuto el miércoles 21 de octubre a las 10 de la noche, hora oriental».

humanidad», y cuando falleció pidió a la gente que apagara la luz para dedicar un «minuto de oscuridad» en su memoria (figura 8). Su obituario en *The New York Times* el 18 de octubre de 1931 comenzaba así: «Thomas Alva Edison convirtió el mundo en un lugar

131

mejor para vivir y ofreció una vida de relativo lujo a los obreros». No es posible una aportación mayor.

Lugares de trabajo

Tal como puso de manifiesto Edison con toda claridad, es más probable que la innovación surja en organizaciones con visión de futuro, dispuestas a asumir riesgos y tolerantes con la diversidad y el fracaso. Un lugar de trabajo lúdico y divertido en el que abunde la conversación y la risa tiene más probabilidades de ser innovador que uno muy formal, burocratizado e impersonal. Cuando la expresión de opiniones es bien recibida, las ideas no solo surgen con más frecuencia, sino que también se implementan más rápido. La oposición se expresa más cuando tiene alguna oportunidad de resultar productiva, que cuando se subvierten decisiones *a posteriori*.

IDEO es una compañía con un espacio de trabajo muy innovador que sigue algunas de las enseñanzas de Edison. Es un proveedor con éxito de servicios de diseño e innovación con más de 550 empleados en oficinas por todo el mundo. Ha adquirido fama de ayudar a otras empresas a innovar en sus productos y servicios aplicando técnicas creativas aprendidas con el estudio del diseño y entornos de la enseñanza del diseño. La empresa combina «factores humanos» y diseño estético con conocimientos sobre ingeniería de producto para crear miles de resultados para empresas que van desde Apple hasta Nike o Prada, y diseñó la orca protagonista de la película *Liberad a Willy*. IDEO ha sido descrita en la revista *Fast Company* como «la empresa de diseño más célebre del mundo», y en

The Wall Street Journal como «patio de recreo para la imaginación»; y la revista *Fortune* describió su visita a IDEO como «un día en Innovation U».

Para abordar proyectos tan diversos, la empresa recurre a gran variedad de talentos y también mantiene conexiones especiales con el Instituto de Diseño de la Stanford University. Cuenta con graduados en materias tan dispares como psicología, antropología y biomecánica, así como ingeniería de diseño.

Los dirigentes de IDEO tienen un perfil muy alto dentro de la comunidad internacional del diseño. Afirman seguir una cultura innovadora («pequeña en jerarquía, grande en comunicación y con el mínimo de ego») que emplea:

> una metodología colaborativa que analiza al mismo tiempo la deseabilidad del usuario, la viabilidad técnica y la viabilidad comercial, y utiliza una diversidad de técnicas para visualizar, evaluar y refinar las oportunidades de diseño y desarrollo, como la observación, las lluvias de ideas, la preparación veloz de prototipos y la implementación.

IDEO vende sus metodologías de diseño a otras empresas en forma de cursos y materiales didácticos. Posee un gran depósito (un «baúl de los juguetes») de instrumentos y diseños de gran variedad de productos para que la plantilla juegue con ellos cuando busca soluciones de problemas nuevos. Es especialmente hábil jugando con ideas creativas desarrolladas para una industria o proyecto de cara a explorar su aplicación innovadora con otros fines. El juego en este medio permite cruces prolíficos, así como la asociación y combinación fortuita de ideas inconexas.

Estructuras

Edison anticipó una forma de organización, pero las empresas tienen muchas alternativas para estructurar las oportunidades de innovar. Algunas optan por ser muy formales y burocratizadas, otras por ser informales y sin restricciones. Algunas intentan hacer ambas cosas, de tal modo que instan a unas partes de la organización a actuar de un modo muy diferente a otras.

En uno de los primeros estudios sobre innovación en organizaciones, Burns y Stalker diferenciaron en 1961 entre formas de organización mecánicas y orgánicas. Sostenían que la primera es adecuada en condiciones estables y predecibles, mientras que la última va bien en situaciones cambiantes e impredecibles. El principio general básico se sigue aplicando; la forma en que se organizan las cosas debería adecuarse a las circunstancias y a los objetivos particulares de innovación. Cuando las tecnologías y mercados evolucionan con rapidez y tienen un futuro incierto, hay que fomentar la experimentación y la creatividad (como ocurría en Menlo Park) sin limitarlas con burocracia. Cuando baja alguna de estas incertidumbres, se necesita una estrategia más planificada para el desarrollo de proyectos, con altos presupuestos asignados y operaciones orientadas a lograr la innovación. Es más, la forma de organización utilizada suele cambiar con el tiempo a medida que surgen distintos temas de innovación. A medida que avanza el proceso de desarrollo de la innovación, las estructuras organizacionales vertebradoras pasan de la «laxitud» a la «rigidez».

I+D. La I+D puede estructurarse de maneras muy diversas. Muchas empresas líderes del pasado se basaron exclusivamente en grandes laboratorios corporativos para realizar su labor investigadora: su Menlo Park particular a gran escala. El arquetipo de esta forma de I+D «centralizada» lo constituyeron los Laboratorios Bell, que llegaron a tener 25.000 empleados en su momento álgido y consiguieron la concesión de 30.000 patentes. Recibieron seis premios Nobel de física y, entre otras cosas, descubrieron el transistor, la conmutación digital, los satélites de comunicaciones, la radio celular móvil, el cine sonoro y la grabación en estéreo. Uno de sus descubrimientos científicos esenciales condujo al desarrollo de la radioastronomía. Fundados en 1925 con base en Nueva Jersey, fue el grupo de investigación de AT&T antes de que esa compañía fuera adquirida por Alcatel-Lucent. Famosos por su solidez en el pasado en investigación básica, como muchos laboratorios corporativos, poco a poco ha ido derivando hacia una investigación más aplicada.

La pega de esta forma de organización desde una perspectiva comercial es que la investigación tiende a divorciarse demasiado de las necesidades de los consumidores y suele estar orientada a un plazo demasiado largo. Otras empresas, en cambio, en lugar de contar con un laboratorio central, «descentralizan» sus estructuras de organización en I+D, con laboratorios ubicados cerca de negocios o clientes particulares. El problema con esta forma de estructura es que la investigación tiende a centrarse en cuestiones a corto plazo y pierde oportunidades para lograr innovaciones más radicales o rompedoras. Para intentar aprovechar las ventajas de ambas formas, algunas empresas combinan un laboratorio central con diversos laboratorios de I+D descentralizados, pero esta es una opción accesible únicamente a unas pocas empresas de las más acaudaladas.

Compañías como Intel y Rolls Royce mantienen amplios vínculos con universidades, y suelen «co-localizarse» cerca de centros de la excelencia en investigación. El desafío para esta forma «interconectada» de organización de I+D es que, para captar el conocimiento procedente de la investigación externa, las organizaciones tienen que tener la capacidad interna de absorberlo. Necesitan cualificación para entender, interpretar y utilizar el conocimiento procedente de fuentes externas, y eso suele requerir una gran capacidad propia para atraer a socios investigadores de alto nivel.

El desafío organizacional en I+D radica en encontrar el equilibrio entre una investigación a más largo plazo, que aporte nuevas opciones y percepciones sobre tecnologías que puedan acabar siendo rompedoras, y una investigación que atienda problemas bien definidos a corto plazo o inmediatos. Las empresas suelen mostrarse descontentas con cualquier estructura de I+D que tengan. Con las estructuras centralizadas sienten que las necesidades del cliente pierden importancia, y las estructuras descentralizadas pueden pasar por alto innovaciones con un potencial valioso. Cuando se usan ambas formas, se dan tensiones continuas sobre los distintos niveles de financiación y la propiedad de los proyectos. Los problemas de una I+D interconectada radican en gestionar y combinar las aportaciones procedentes de múltiples colaboradores y las desavenencias sobre la pertenencia de los derechos de propiedad intelectual.

Una estrategia que siguen las empresas para mejorar el rendimiento de una I+D interna y el acceso a colaboradores externos para innovar ha sido descrita en los últimos años por Henry Chesbrough como «innovación abierta». La empresa de productos para el hogar Procter and Gamble es un ejemplo de innovador abierto. Es una empresa basada en la ciencia con un gran compromiso interno con la investigación. Su estrategia se describe como «conectar y desarrollar» y, en lugar de depender en un 90 % de sus propias inversiones en investigación, como hacía en el pasado, aspira a obtener la mitad de sus innovaciones de fuera de la compañía. La manera en que combina su propia investigación interna con los contactos externos revela una estrategia que pretende beneficiarse de formas complementarias de organizar la innovación dentro de la misma compañía.

El crecimiento veloz que ha experimentado la capacidad de investigación en China e India en los últimos años tiene el potencial de cambiar las formas en que muchas empresas multinacionales organizan su I+D. Las empresas crean laboratorios en ultramar para adaptar sus productos y servicios a los mercados locales, para beneficiarse de los conocimientos específicos de la investigación local, y para crear redes internacionales de colaboración en investigación. Muchas empresas estadounidenses y europeas han fundado numerosas organizaciones de I+D en India y China, sobre todo en el sector de la tecnología de la información y las comunicaciones. La estrategia que adoptan estas empresas puede variar con el tiempo. Ericsson, la empresa de telecomunicaciones sueca, por ejemplo, empezó a invertir en I+D en China en la década de 1980 porque eso le ayudaba a conseguir contratos del gobierno y era un signo de buena voluntad y compromiso. El gasto en I+D se disparó a comienzos de la década de 1990 para aprovechar el bajo coste de la plantilla investigadora y para adaptar los productos de Ericsson al mercado local, en rápido crecimiento.

Tras reconocer la calidad y el potencial de los investigadores chinos, tanto dentro de la compañía como en las universidades locales, a finales de la década de los noventa, Ericsson empezó a ubicar I+D en China para sus mercados mundiales. A comienzos de la década de 2000, la compañía cerró algunos de sus grupos de I+D en otras partes del mundo y los trasladó a China, con lo que los grupos de investigación chinos de Ericsson se convirtieron en elementos centrales de los esfuerzos globales de la compañía en I+D.

Nuevos desarrollos. La I+D es una de las vías que siguen las organizaciones para crear opciones para el futuro. La forma en que organizan el desarrollo de nuevos productos y servicios es crucial para detectar con éxito sus opciones de futuro. Mientras que la I+D suele ser el espacio organizacional para especialistas en ciencia y tecnología, el desarrollo de productos y servicios nuevos suele abarcar un rango más amplio de personas, que incluye expertos en diseño, *marketing* y operaciones. Estos especialistas contribuyen a resolver las cuestiones de por qué y cómo se compran las cosas, y si se pueden fabricar y suministrar y a qué coste. Hay muchas herramientas y técnicas (como los sistemas *stage-gate*, que utilizan una serie de puntos de decisión de «detención/acción» durante el proceso de desarrollo) disponibles para facilitar la planificación de nuevos productos y servicios. Estas técnicas se diseñan para ayudar a decidir entre proyectos rivales y para garantizar que los que prosperan cuenten con los recursos adecuados. Estas herramientas tienen limitaciones: pueden ser de gran ayuda para administrar el proceso de desarrollo de productos, pero no te dicen si son los productos correctos en primer lugar. También pueden volverse muy metódicas y frenar la iniciativa.

Para superar las rigideces de la burocracia, algunas organizaciones autorizan la innovación clandestina (*«bootlegging»*) o permiten que el personal dedique un tiempo a trabajar en proyectos propios. Al conceder tiempo a la gente (que puede ser de uno o dos días a la semana) al margen de las obligaciones de su trabajo estipulado, empresas muy innovadoras como Google y 3M fomentan la motivación del personal para innovar y para la emergencia y el florecimiento de ideas nuevas.

Google y su empresa matriz Alphabet usan diversas estrategias y técnicas para fomentar la innovación que evolucionan continuamente cuando aparecen oportunidades nuevas y se llega a vías muertas. Google cuenta con estructuras formales para invertir en *start-ups*, para lanzar tecnologías *«moonshot»* (rompedoras y prodigiosas), como vehículos sin conductor, y para trabajar en inteligencia de máquinas. Alphabet ha adquirido DeepMind, una empresa líder en inteligencia artificial, y gestiona laboratorios que investigan en innovación urbana, envejecimiento y ciencias de la salud. Los métodos e incentivos organizacionales de Google incluyen cafeterías diseñadas para fomentar las interacciones, periodos concentrados de entre uno y cinco días de cara a centrar la atención en problemas específicos, procesos destinados a fomentar ideas de manera oficial y para organizar su progreso, y métodos informales dirigidos a garantizar que se fomenten las ideas y que lleguen a los empleados más veteranos. Todos estos métodos están pensados para atraer a empleados con talento y utilizar sus capacidades al máximo.

Otra estrategia que se utiliza para sortear las limitaciones organizacionales para innovar es lo que se conoce como *«skunkwork»* (literalmente «trabajo de mofeta»). Este sistema, utilizado por primera vez por la corporación Lockheed para desarrollar aeronaves durante la Guerra Fría con rapidez y en secreto, hace referencia a un grupo de trabajo pequeño y muy compenetrado que asume un proyecto especial con una discreción considerable dentro de una organización más amplia.

Operación y producción. Las maneras en que se fabrican y suministran nuevos productos y servicios han sido el foco mismo de una cantidad considerable de innovación. La producción, por ejemplo, está automatizada, y la operación (los procesos para convertir insumos en productos) ha atravesado grandes innovaciones en la forma de organizar el trabajo. La innovación en producción y operación ha contribuido a crear mercados de masas para productos y servicios asequibles y de alta calidad, como automóviles, productos de consumo y electrónica, supermercados y cadenas hoteleras.

Uno de los principios clave en la organización de la operación y la producción es el análisis que hace Adam Smith de la división del trabajo: la especialización en las tareas mejora la productividad. Henry Ford usó los principios de especialización y de automatización para desarrollar su línea de montaje en la fabricación de automóviles para el emergente mercado de masas de comienzos del siglo xx. El objetivo de Ford era tener un control ejecutivo más firme sobre los procesos de producción que el que permitían las formas de producción artesanales previas. Su solución consistió en desarrollar la línea de producción en serie con grandes volúmenes de productos estandarizados hechos a partir de piezas intercambiables y empleando trabajadores sin ninguna cualificación o semicualificados.

La gestión y el diseño estaban a cargo de profesionales con un mínimo de especialización. El control del trabajo por parte de artesanos fue reemplazado por la gerencia, y el ritmo de trabajo vino dictado por la necesidad de aprovechar al máximo el empleo de los equipos. Como la maquinaria era tan cara, las empresas no podían permitirse que la línea de montaje se detuviera. Se incorporaron al sistema reservas adicionales de materiales y se añadió trabajo al sistema para garantizar una producción ininterrumpida. Los diseños estándar se mantenían en producción el mayor tiempo posible, porque era caro cambiar la maquinaria, de modo que los consumidores se beneficiaban de precios más bajos a cambio de menos variedad y menos posibilidades de elección.

Edison, amigo de Ford, ya se había encontrado con el dilema de que el trabajo no cualificado y repetitivo provocaba problemas laborales. General Motors mostró a Ford las limitaciones de su estrategia de *marketing* y las ventajas de producir variedad de vehículos. El enfoque de Alfred Sloan apuntaba a fabricar «un coche para cada bolsillo y para cada finalidad». Pero la verdadera innovación que permitió producir con eficiencia, ofrecer una variedad amplia a los consumidores y un uso mejor de las capacidades provino de Japón.

Tras la Segunda Guerra Mundial, Toyota reconoció que, para alcanzar su ambición de convertirse en fabricante de coches internacional, debía aprovechar la eficiencia de las técnicas de la fabricación en serie y la calidad de confección de las prácticas laborales japonesas. Por entonces, los mercados locales de automóviles en Japón eran pequeños y demandaban gran variedad de vehículos, las técnicas de producción eran primitivas comparadas con las estadounidenses, y el capital de inversión era escaso. Los trabajadores sindicalizados de las fábricas japonesas insistían en mantener sus competencias y no estaban dispuestos a ser tratados como costes variables, como las piezas intercambiables de las fábricas de Ford y Edison. Toyota entendió los peligros de las tareas repetitivas y tediosas, que causaban agotamiento o perjuicios a los trabajadores y, en consecuencia, una rentabilidad decreciente de la eficiencia.

En 1950, el presidente de Toyota, Eiji Toyoda, pasó tres meses en la fábrica Rouge de Ford en Estados Unidos. Le fascinó el rendimiento total de la planta, que en un año producía más de 2,5 veces la cantidad de coches fabricados por Toyota en los trece años anteriores. Pero, aunque la producción total era impresionante, a Toyoda le pareció que aquel sistema implicaba un derroche de esfuerzo, materiales y tiempo. Toyota no podía permitirse fabricar coches con profesionales tan poco cualificados, con obreros sin ninguna cualificación al cargo de costosas máquinas especializadas, con sus almacenes de piezas sin utilizar y áreas de retrabajo. Toyoda se propuso los objetivos de simplificar el sistema de producción combinando varias de las ventajas de contar con personal cualificado para la fabricación en serie, pero evitando los altos costes y las rigideces observadas en los sistemas de fabricación. El resultado fue el desarrollo del sistema de producción ajustada (*just-on-time*) de Toyota, que emplea equipos de trabajadores con una cualificación diversa en todos los niveles de la organización, y máquinas muy versátiles y automatizadas para producir grandes volúmenes de productos muy variados. En lugar de tener un inventario de piezas y recambios, lo que supone un desperdicio de recursos, el sistema de Toyota proporciona los componentes justo en el momento de ser usados.

A los equipos de trabajadores de Toyota se les concede tiempo para proponer mejoras en los procesos de producción en «círculos de calidad»: Toyota cuenta con varios miles de círculos de calidad que ejecutan decenas de miles de pequeños proyectos de mejora cada año. Los círculos de calidad están vinculados a esfuerzos para la mejora continua (método *kaizen*) de la colaboración con ingenieros industriales. El énfasis en la resolución de problemas es una parte importante del trabajo de todos y se fomenta la formación en el lugar de trabajo, la pedagogía colectiva y el desarrollo autónomo.

El éxito de la producción ajustada mejoró todo el sistema de diseño y fabricación de coches y convirtió a Toyota en el fabricante de coches con el que se comparaban otras firmas automovilísticas. La combinación de innovación técnica y organizacional en el sistema de producción de Toyota ha generado economías de escala y de alcance: volumen y variedad.

La búsqueda de innovaciones que ayuden a combinar economías de escala a través de la estandarización con economías de alcance para satisfacer los variados gustos del consumidor supone un desafío continuo. El objetivo último en muchos casos es la producción económica para mercados de a uno.

Las organizaciones de servicios buscan de forma análoga la innovación en sus operaciones. Las aerolíneas usan sistemas de reserva y de venta de billetes por Internet, y aplicaciones que gestionan tarjetas de embarque y bonificaciones para clientes asiduos. Los supermercados recaban datos sobre comportamientos de consumo a partir de tarjetas de fidelidad para ofrecer ventas promocionales dirigidas y asegurarse de que los artículos disponibles en los establecimientos se adaptan al perfil de los clientes locales.

Puesto que es la empresa más grande del mundo en ventas electrónicas, Amazon es líder en innovación en operaciones y logística. La compañía comenzó vendiendo libros en 1994 y ahora tiene más de 300 millones de clientes activos que compran millones de productos diferentes. Superó los 100.000 millones de dólares en ventas en 2015 y sigue creciendo con rapidez. Su fundador, Jeff Bezos, se ha situado en el primer puesto de las personas más ricas del mundo. La fiabilidad y la rapidez en el despacho de artículos es clave para el éxito de Amazon. La empresa es capaz de despachar artículos quince minutos después de recibir un pedido.

Esta empresa es muy innovadora y ofrece servicios como Amazon Prime, que proporciona envíos gratuitos a cambio de una cuota y acceso a películas en línea. Vende productos como el dispositivo Kindle de libros electrónicos y Alexa, el asistente personal controlado por voz. Amazon es el mayor productor mundial de servicios de infraestructura en la nube, considerados tan seguros que los usa la CIA. Está estudiando la entrega de mercancías con drones, tiendas donde tu cuenta Amazon se cargue automáticamente al salir del establecimiento sin necesidad de pagar en una caja, entrega de comida a domicilio y, por irónico que resulte tratándose de la primera tienda que vendió libros por Internet, está abriendo librerías. Está explorando oportunidades en asistencia sanitaria y la venta de fármacos, y ofrece un servicio de análisis de negocio basado en la nube que crea visualizaciones para proporcionar inteligencia empresarial.

La tecnología es crucial para el funcionamiento de sus almacenes, algunos tan grandes como 28 campos de fútbol. El uso del espacio dentro de estas naves se optimiza para alcanzar la máxima densidad y la máxima altura de almacenamiento y se respalda con el empleo de 45.000 robots. Amazon compró la compañía que fabricaba esos robots y, según ciertas fuentes, incorpora 15.000 más cada año. Tras la adquisición, la compañía dejó de vender robots a la competencia de Amazon, lo que subraya la ventaja comercial que suponen. En el pasado, los artículos se trasladaban dentro de los almacenes usando cintas transportadoras y montacargas, y los trabajadores recorrían las estanterías para localizar los artículos que debían enviarse. Hoy en día todos los productos portan códigos de barras o una identificación por radiofrecuencia y se introducen en una base de datos que localiza el robot más cercano en cuanto se recibe un pedido. Los robots se desplazan hasta la estantería donde se encuentra el producto utilizando sensores para moverse y evitar choques, y después lo elevan y lo llevan hasta un operador para su empaquetado.

Amazon ha protagonizado una historia extraordinaria de éxito comercial que continúa gracias a su desplazamiento hacia servicios en Internet, donde el rédito de los servicios de informática y servidor en la nube enseguida generaron unos ingresos anuales de varios miles de millones de dólares. La empresa ha recibido críticas por sus prácticas laborales y por sus efectos sobre las tiendas pequeñas. Sin embargo, ha inducido un cambio radical en la forma de vender de muchas empresas y en la forma de comprar de mucha gente, y esto se ha debido a la innovación en sus procesos operacionales.

Alibaba es el mayor comercio electrónico minorista del mundo en volumen de ventas, y su éxito también se basa en un modelo de negocio que usa tecnologías digitales. Jack Ma, su fundador y presidente ejecutivo, explica que la postura de la compañía ante el empleo de la tecnología es que mientras la tecnología de la información tiene por objeto el control, la tecnología de datos tiene por objeto compartir. Su intención es, pues, empoderar más que controlar un ecosistema comercial. Alibaba reúne y refina datos sobre qué compran y qué buscan los compradores de cada lugar por Internet; entonces envía esos datos a los comerciantes para que orienten mejor sus ventas, y utiliza datos predictivos para que los vendedores sepan qué deben tener en existencias y qué fabricar. Esto fomenta un uso mayor de las plataformas de comercio electrónico de Alibaba. La capacidad de Alibaba para manejar cantidades extraordinarias de datos se aprecia en un día de muchas ventas en China, donde su sitio en Internet procesa 175.000 transacciones por segundo. La compañía también ha comprado tiendas físicas y está recopilando datos sobre hábitos de consumo tanto en línea como en el mundo físico, lo que le permite ofrecer información para una gestión aún más eficaz de los inventarios.

Redes y comunidades. El desarrollo del sector de la luz eléctrica por parte de Edison fue un ejemplo de innovación en un sistema técnico lograda dentro de una comunidad de innovadores. La mayoría de la innovación implica la participación de muchas organizaciones colaboradoras y, desde la perspectiva de una organización individual, esto conlleva beneficios y dificultades. Las ventajas radican en tener acceso a un conocimiento, a unas capacidades y a otros recursos que ella misma no posee. Los inconvenientes estriban en la falta de autoridad organizativa para que las demás actúen como una desea.

La clave para una interconexión efectiva consiste en establecer asociaciones con altos niveles de confianza. Es indispensable tener confianza en la competencia técnica de los colaboradores, en su capacidad para ofrecer lo que se espera de ellos y en su integridad general para proteger el conocimiento patentado y para admitir que las cosas van mal si se da el caso. Las colaboraciones suelen comenzar como consecuencia de contactos personales. Pero estos pueden romperse cuando la gente cambia de trabajo o de organización. Por tanto, la confianza efectiva entre socios implica la ampliación de la confianza interpersonal a una confianza entre organizaciones, de manera que el valor de la colaboración se convierta en parte del engranaje institucional: a un nivel legal, administrativo y cultural.

En algunos sectores, como el del *software* de código abierto, el innovador lo conforma una comunidad de usuarios. En este caso son los usuarios del producto o del servicio quienes aportan contenidos nuevos y mejoras. A pesar de la retórica de la participación sin restricciones que predomina en muchas de estas comunidades, se necesita cierto grado de organización. Wikipedia, por ejemplo, reconoce los esfuerzos de quienes realizan aportaciones a su enciclopedia en línea a través de la instauración de una jerarquía que atribuye un estatus relevante dentro de la comunidad a los wikipedianos cuyas contribuciones alcanzan altos niveles de calidad y de cantidad.

Las organizaciones se están volviendo más diestras en el empleo de redes sociales, wikis y blogs en sus actividades de innovación. Están usando análisis de redes sociales mediante, por ejemplo, estudios o seguimientos de correspondencia por correo electrónico, con el fin de conocer los nodos personales y organizativos clave dentro de la organización y para mejorar la toma de decisiones.

Proyectos. Gran parte de las economías modernas comprende vastos y complejos proyectos de infraestructuras, como redes de telecomunicaciones, producción y distribución de energía y sistemas de transporte de aeropuertos, vías ferroviarias y carreteras. Estos proyectos, que suelen costar miles de millones de dólares, implican la coordinación de gran cantidad de empresas, que aportan sus capacidades y recursos en distintas fases de realización del proyecto, y son famosos por los sobrecostes y los retrasos. El túnel del Canal de la Mancha entre Inglaterra y Francia, por ejemplo, superó en un 80 % el presupuesto de partida. La innovación proporciona los medios para que estos proyectos se ajusten a las expectativas.

La terminal 5 (T5) del aeropuerto de Heathrow en Londres fue un proyecto de envergadura altamente complejo que contó con un presupuesto de 4.300 millones de libras y que involucró a más de 20.000 organizaciones contratantes. Bajo la supervisión de la Autoridad Aeroportuaria Británica (BAA), beneficiaria del proyecto, dueña del aeropuerto y operadora de este, el proyecto consistió en la construcción de grandes edificios, un sistema de tránsito y enlaces por carretera, tren y metro junto al aeropuerto más transitado del mundo, funcionando por encima de su capacidad. La T5 tiene el tamaño del Hyde Park de Londres, y una capacidad anual de 30 millones de pasajeros. Aunque suele recordarse por el desastre de sus primeros días de funcionamiento, durante los cuales British Airways perdió 20.000 maletas y canceló 500 vuelos, el diseño y la ejecución del proyecto en sí fueron todo un éxito y este se finalizó dentro de presupuesto y de fecha. Este logro resultó de un enfoque innovador para gestionar proyectos grandes y complejos.

La BAA se cuidó de aprender las lecciones de proyectos previos, de asegurarse de que las tecnologías utilizadas se hubieran probado ya en otros lugares, y ensayó procedimientos nuevos en proyectos menores antes de aplicarlos a la T5. Se recurrió a la simulación digital, a la modelización y a tecnologías de visualización para facilitar la integración de diseños con la construcción. El éxito del proyecto de la T5 contó con los robustos cimientos de un contrato entre el cliente, la BAA y sus grandes proveedores que difirió considerablemente de las normas del sector (las cuales solían ser conflictivas) y que alentó la colaboración, la confianza y la responsabilidad del proveedor. Los riesgos del proyecto los asumió la BAA, el trabajo estuvo dirigido por equipos de proyecto integrados con proveedores de primer nivel, y se planificaron incentivos para recompensar a los equipos con mejores rendimientos. Aunque los procesos y procedimientos que debían seguirse estaban bien especificados, el proyecto se formuló de tal modo que permitiera que los responsables afrontaran con flexibilidad los imprevistos que surgen inevitablemente en proyectos complejos y de acuerdo con su experiencia previa.

Las enseñanzas de la ejecución de la T5 son que el éxito en proyectos grandes y complejos implica rutinas, procesos y tecnologías normalizados, repetitivos y planificados con esmero, y la capacidad de innovar para afrontar los acontecimientos y problemas inesperados. La organización de proyectos requiere un equilibrio razonable entre rutinas de ejecución y el fomento de la innovación. Estas lecciones se han aplicado en proyectos posteriores, como la línea ferroviaria rápida Crossrail, la mayor red ferroviaria de nueva construcción que cruzará Londres.

Personas y equipos creativos. Tal como evidenció Edison en Menlo Park, la innovación precisa un trabajo en equipo, conjugar ideas y experiencias diversas. La creación de equipos implica tomar decisiones sobre el equilibrio más adecuado entre competencias ante los problemas que se afrontan. También conlleva decidir sobre el valor comparativo de la memoria organizacional (mantener junta a la gente que conforma los equipos) y la renovación (introducir capacidades nuevas). Los equipos que trabajan juntos durante periodos prolongados tienden a volverse introspectivos e inmunes a las ideas innovadoras procedentes de fuera. Los equipos recién formados o con muchos miembros nuevos tienen que aprender a trabajar juntos con eficacia y a desarrollar una forma propia de proceder. La armonía dentro de los equipos tiene muchas virtudes, pero en ocasiones es importante para innovar que haya elementos disruptivos (el grano de arena dentro de la ostra) formulando preguntas difíciles y agitando las cosas.

La estructura de los equipos debe reflejar sus objetivos. Quienes se dedican a una innovación más radical necesitan más creatividad y más flexibilidad en cuanto a objetivos, con libertad para responder ante las posibles oportunidades imprevistas que surjan. A menudo necesitan un respaldo firme por parte de niveles superiores dentro de la organización, puesto que sus objetivos no ofrecen resultados con rapidez y, por tanto, son propensos a recibir críticas y a ser el blanco de campañas para ahorrar costes. Hay que encontrar un equilibrio entre los incentivos individuales y los de equipo. Los factores que favorecen la eficacia del equipo de innovación suelen ser subjetivos (relacionados con la satisfacción y el reconocimiento profesional). Los que inhiben el rendimiento son más instrumentales (relacionados con objetivos de proyectos y limitaciones de recursos). Tal como descubrió Edison, los empleados trabajarán con más ahínco si cuentan con el incentivo de acometer tareas interesantes, satisfactorias y valoradas.

La creatividad no solo es importante para las compañías que se dedican al diseño, como IDEO. La innovación en todas las organizaciones se basa en gente y equipos creativos para generar ideas, y la creatividad es un asunto que impregna todo el universo laboral en su conjunto. Gracias al fomento de la innovación, muchas organizaciones contemporáneas contemplan la promoción de la creatividad como algo central para su desarrollo y competitividad. La creatividad es un medio para hacer el trabajo más atractivo, para mejorar el compromiso y la entrega de la plantilla existente, y una estrategia ganadora en la «lucha por captar talento» entre trabajadores con una cualificación y una movilidad elevadas.

La creatividad tiene un componente individual y otro de grupo. La psicología revela las características de la gente creativa y cómo surgen las ideas creativas de individuos con capacidad para pensar de un modo diferente y para detectar conexiones y posibilidades. Dicen que los individuos creativos toleran la ambigüedad, la contradicción y la complejidad. Los expertos en ciencias cognitivas, como Margaret Boden, sostienen que la creatividad es algo que todo el mundo puede aprender y que se basa en capacidades ordinarias que todos poseemos y en una experiencia práctica a la que todos podemos aspirar.

Las organizaciones dedican gran cantidad de tiempo y recursos a entrenar la creatividad, y a crear incentivos y recompensas para la creatividad individual. También se esfuerzan por promover la creatividad en grupos y por trazar las estructuras de equipo, los procesos y las prácticas organizacionales más favorables. Los grupos aúnan los puntos de vista y los conocimientos dispares esenciales para que haya creatividad, y son cruciales para nuevas combinaciones innovadoras.

Las ideas creativas se convierten en innovaciones útiles cuando se aplican con éxito. La creatividad por sí misma puede resultar inspiradora, estimulante y bella, pero no tiene ningún valor económico hasta que se manifiesta como innovación. Adopta formas diversas en innovaciones graduales y radicales. Las innovaciones graduales suelen implicar una variedad de creatividad más estructurada, dirigida y deliberada. La innovación radical requiere una creatividad que a veces no mantiene ninguna conexión con las prácticas existentes y con la forma en que se hacen las cosas.

Personas

Jefes. La innovación rara vez se produce en organizaciones sin la implicación y el apoyo manifiesto de sus dirigentes, aunque estos tengan poca idea sobre la naturaleza específica de los nuevos desarrollos. Uno de los aspectos clave del liderazgo lo representa el fomento de la producción de ideas nuevas y su implementación. Los jefes buscan recursos para apoyar y ofrecer protección frente a los contrarios a la innovación, y para autorizar a sus empleados a entusiasmarse con las ideas nuevas. Cuando las ideas nuevas amenazan los *statu quo*, es inevitable que los intereses creados se opongan a ellas. Tal como sostiene Maquiavelo en *El príncipe*:

> No hay nada más difícil de tratar ni más dudoso de lograr ni más peligroso de manejar que encabezar la introducción de un nuevo orden… En cuanto los opositores tengan ocasión de atacar, lo harán partisanamente, mientras que el resto lo defenderá con tibieza: de modo que se peligra con todos ellos.

Una de las enseñanzas de los jefes famosos de organizaciones innovadoras, como Edison, es que crean una cultura de apoyo que anima a la plantilla a probar cosas nuevas y no la desanima cuando fracasa. En 1948, el presidente de 3M, William McKnight, resumió así su método, el cual caracterizó la estrategia de la compañía durante las décadas siguientes…

> A medida que crece nuestra empresa se torna cada vez más necesario delegar responsabilidades y animar a hombres y mujeres a tener iniciativa. Esto exige una tolerancia considerable. Si son buenos, estos hombres y mujeres en quienes delegamos autoridad y responsabilidad querrán hacer su trabajo a su manera.
>
> Se cometerán errores… La dirección que lanza críticas destructivas cuando se cometen errores mata la iniciativa. Y es esencial que tengamos mucha gente con iniciativa si queremos seguir creciendo…

Un joven supervisor intranquilo que había estado al cargo de un proyecto fallido presentó una vez una carta de dimisión a Henry Ford. La respuesta de Ford fue que no iba a dejar que alguien se fuera a trabajar con la competencia después de haber aprendido una valiosa lección a costa de su dinero.

Encargados. Aparte de contar con un liderazgo favorable en la cúpula de las organizaciones, determinadas innovaciones necesitan defensores en el ámbito de la gestión o padrinos entusiastas y enérgicos con una responsabilidad considerable en la toma de decisiones. Además de ser buenos dirigiendo equipos, coordinando cuestiones técnicas o de diseño, e implementando procesos y decisiones, los encargados de innovación también deben ser capaces de defender las virtudes de la innovación, de luchar para defenderla y de ofrecer una idea de qué hará y qué aportará.

Enlaces (Boundary spanners). Una de las funciones individuales más importantes en innovación es la de los enlaces o «ampliadores de fronteras» *(boundary spanners)*, personas capaces de crear enlaces y tender puentes entre y dentro de organizaciones. En las empresas fabricantes, el personal dedicado a estas funciones solía conocerse como «guardián tecnológico» *(technological gatekeeper)*. Estas personas son ávidas cazadoras de información (que consiguen leyendo y asistiendo a conferencias y ferias comerciales) y hábiles transmisoras de información útil a la parte de la organización que la necesita. A veces a las organizaciones les cuesta justificar el nombramiento de enlaces o ampliadores de fronteras. Su obligación de viajar, asistir a conferencias y charlar con gran cantidad de gente no se valora en ocasiones por parte de quienes permanecen pegados a una mesa o a un banco de trabajo. Pero su papel es muy beneficioso para la innovación.

Todo el mundo. Una de las innovaciones más triunfales de 3M fue la invención de las Post-It Notes. Los desarrolladores de la base técnica de esta innovación (un adhesivo que no pega) han recibido su justo reconocimiento. El departamento de *marketing* de la empresa que avanzó que nadie lo compraría ha recibido bastante oprobio. Pero poco ha sido el mérito atribuido a la gente de la organización que reconoció el potencial del producto y defendió su desarrolló. Después de que el departamento de *marketing* rechazara la idea de comercializar los Post-It, los desarrolladores del producto enviaron muestras a las secretarías de las direcciones generales de la compañía. El personal de las secretarías captó de inmediato el valor del producto y consiguió el apoyo de los jefes para el desarrollo de la idea.

La innovación afecta a todos en una organización y, en mayor o menor medida, es responsabilidad de todos. La digitalización de muchas tareas artesanales de la ingeniería tradicional, como la confección de herramientas, ofreció oportunidades para crear puestos de trabajo de menor cualificación o con una cualificación diferente. Muchas empresas siguieron la senda de la pérdida de cualificación (como en el caso de las máquinas herramienta por control numérico), pero con posterioridad descubrieron las ventajas del reciclaje profesional y otorgaron a los trabajadores de base poder de decisión sobre las tareas que realizan. Esto refleja la capacidad de la gente para adaptarse y para responder de forma productiva y creativa a la innovación si se le da la oportunidad. Les brinda, en palabras de Edison, el placer de cultivar la capacidad de pensar. El potencial de la innovación derivada de las plantas de producción de las fábricas ha llevado a algunos a describirlas como laboratorios y espacios de experimentación.

Una herramienta importante utilizada para fomentar la innovación consiste en crear programas de recompensa y reconocimiento. Muchas organizaciones cuentan con buzones de sugerencias, y compañías como IBM y Toyota recaban cientos de miles de ideas de sus empleados que pueden premiarse con una recompensa económica o con el reconocimiento por parte de sus compañeros. A menudo la forma más efectiva de reconocimiento es la ejecución de la idea por parte de la organización. La capacidad de los individuos de toda la organización para tener ideas innovadoras y aspirar a su implementación evidencia que el liderazgo de la innovación no es responsabilidad exclusiva de quienes ocupan puestos jerárquicos altos.

Los innovadores de toda índole encuentran más respaldo en organizaciones cuyo compromiso con el desarrollo y la formación de los recursos humanos atrae, premia y retiene a cargos intermedios y a empleados con talento que no temen los cambios y, al mismo tiempo, tranquiliza a quienes recelan de ellos. Las organizaciones innovadoras cuentan con los procedimientos de designación, los sistemas de pago y de incentivos y los itinerarios de promoción profesional que garantizan un personal adecuado para innovar. Mientras algunas personas se desarrollan generando ideas nuevas, y necesitan que las alienten y las premien, otras son mejores desarrollando los procedimientos para su aplicación, lo cual requiere formas distintas de reconocimiento. Otras aún sienten un miedo irracional ante la innovación, o al menos a demasiados cambios, los cuales ven como una amenaza, y pueden sufrir estrés y rendir mal como consecuencia de ello. Tener fama de organización innovadora es muy atractivo para empleados potenciales que quieran ser innovadores, y los métodos de selección de personal deberían examinar con atención posibles nombramientos inadecuados. Aquellos empleados que lo consideren inquietante necesitan apoyo y orientación sobre lo que significa innovar.

Tecnología

Durante la década de 1960, los estudios de Joan Woodward sobre organización industrial en el sudeste de Inglaterra empezaron a explicar la relación que existe entre tecnología y organización. Esta investigadora puso de manifiesto que la organización varía de acuerdo con la tecnología esencial subyacente, con la producción en forma de lotes pequeños o grandes, con la fabricación en serie, o con los procesos de flujo continuo. La idea de que la organización resulta de la tecnología utilizada (determinismo tecnológico) ha quedado descartada por estudios que evidencian hasta qué punto pueden tomarse decisiones diversas, una idea que suscribió Joan Woodward. No obstante, la tecnología influye mucho, y existe una relación entre la forma en que se organizan las empresas y en qué medida pueden beneficiarse de la innovación a través de la división del trabajo. Un mismo sector económico puede ofrecer productos y servicios de una diversidad considerable, y las técnicas de funcionamiento presentan una variedad acorde.

Tecnologías de innovación. Edison conocía el valor de los instrumentos científicos de alta calidad y también de la «chatarra», las piezas de máquinas viejas y una inmensa variedad de materiales poco utilizados. Estas máquinas y artefactos estimulan la innovación. Igual que los numerosos bocetos de Edison lo ayudaban a pensar y facilitaron la transmisión de sus ideas a los demás, la creación de diseños y prototipos tangibles concentra esfuerzos y establece conexiones entre personas con distintas competencias y puntos de vista. En muchos casos, las ideas innovadoras surgen de manera orgánica e iterativa en torno a diseños incipientes que se van haciendo cada vez más precisos.

Las nuevas tecnologías favorecen que los diseños y las conexiones atraviesen fronteras y pasen al mundo digital, donde la aspiración de Edison de contar con herramientas para el «desarrollo veloz y barato de un invento y para darle forma comercial» ocurre de maneras que él no llegó siquiera a imaginar. La información del diseño digital sobre productos nuevos se transfiere instantáneamente al equipo utilizado para fabricarlos. El sistema orienta los diseños para saber qué se puede fabricar (véase la figura 9).

El desarrollo de capacidades informáticas masivas, de programas que permiten la combinación de distintos conjuntos de datos, y las nuevas tecnologías de visualización utilizadas con profusión en la industria de los juegos de ordenador, han conducido a una nueva clase de tecnología de base para la innovación. La «tecnología de la innovación» debe su nombre a que facilita la combinación de varios elementos del proceso de innovación. Se está usando para mejorar la velocidad y la eficiencia de la innovación a la hora de aunar diferentes insumos en y entre organizaciones. La tec-

Figura 9. Touchlight: la ingeniería y el diseño usan cada vez más la visualización por ordenador y herramientas de realidad virtual.

nología de la innovación incluye paquetes de realidad virtual utilizados para ayudar a los clientes a diseñar productos y servicios nuevos; herramientas de simulación y elaboración de modelos utilizadas para mejorar considerablemente la velocidad de los nuevos diseños; ciencia de datos que crea nuevas comunidades de científicos e investigadores y los ayuda a gestionar proyectos de colaboración; inteligencia artificial, aprendizaje de máquinas y una tecnología sofisticada de minería de datos masivos (o *big data*) empleada para contribuir a mejorar la investigación, a entender a los clientes y a organizar a los proveedores, y una tecnología virtual y rápida de prototipos utilizada para mejorar la velocidad de innovación. Juntas, todas estas tecnologías se están usando para tomar decisiones más efectivas sobre innovación.

159

Con el desplazamiento de experimentos y la creación de prototipos al mundo digital, la tecnología de la innovación permite a las empresas experimentar a bajo coste y «fracasar a menudo y pronto». La tecnología de la innovación también es muy importante en el diseño de sistemas grandes y complejos, como servicios, infraestructuras aeroportuarias, sistemas de comunicaciones, donde no suele ser viable probar prototipos a tamaño real.

Uno de los aspectos más importantes de la tecnología de la innovación es cómo facilita la representación y visualización del conocimiento, y su comunicación a través de distintos ámbitos, disciplinas, profesiones y «comunidades de práctica». A través de la ilustración, cotejan el diseño de un edificio nuevo usando métodos tradicionales y tecnología de la innovación. El empleo de la tecnología de la innovación convierte en visibles e inteligibles datos complejos, información, puntos de vista y preferencias de grupos diversos. La representación virtual ayuda a los arquitectos a visualizar cómo quedarán sus diseños, y contribuyen a esclarecer las expectativas de los clientes al proporcionarles una buena aproximación sobre el aspecto y las impresiones que causará un edificio antes de empezar el trabajo. Los clientes pueden «recorrer» su edificio virtual haciéndose una idea sobre su distribución y las sensaciones que causa antes de empezar a poner un solo ladrillo. La tecnología de la innovación informa a contratistas y constructores sobre especificaciones y requerimientos, y permite que los reguladores, como la inspección de incendios, valoren con seguridad si los edificios cumplirán los requisitos de la normativa. La tecnología de la innovación permite una colaboración más eficaz entre los distintos agentes que intervienen en el proceso de innovación, proveedores y usuarios, contratistas y subcontratistas, integradores de sistemas y fabricantes de componentes, para la ejecución de nuevos productos y servicios.

El empleo de la tecnología de la innovación puede dar lugar a algunas innovaciones bastante espectaculares. Hubo muchos fallecidos en el World Trade Center en 2001 porque la gente intentó huir del fuego por las escaleras de incendios y quedó atrapada por los bomberos que subían por ellas. Cuando se estudió su sustitución por la Freedom Tower en Nueva York se consideraron nuevas maneras de sacar a la gente de edificios de gran altura en situaciones extremas. Las simulaciones y visualizaciones por computadora del comportamiento de los edificios y de las personas en casos de emergencia llevaron a los ingenieros en seguridad contra incendios a pensar que la forma más segura de salir es mediante el ascensor. Cambiar las ideas más arraigadas sobre seguridad por otra en la que el mensaje sea «en caso de incendio, utilice el ascensor», requiere gran poder de persuasión para convencer a dueños y ocupantes de edificios, ingenieros y arquitectos, bomberos y reguladores de normas contra incendios y aseguradoras. La aceptación mutua y compartida de este cambio radical contó con la ayuda de que los detalles de complejos dibujos y conjuntos de datos se cambiaran por conjuntos de imágenes por computadora fáciles de entender. Los ingenieros de seguridad contra incendios han empleado una serie de tecnologías nuevas de simulación y visualización para contribuir a transformar la percepción que tienen los diversos agentes sobre la seguridad en edificios altos y para animar a explorar estrategias innovadoras para una evacuación rápida.

161

6
Innovar en el futuro

Comenzamos este libro viendo un ejemplo de innovación al inicio de la Revolución Industrial y lo cerramos echando una ojeada especulativa a lo que nos deparará el futuro. Los desafíos y oportunidades para innovar son inmensos. Aparte de crear nuevas fuentes de riqueza a partir de ideas, la innovación es esencial para hacer frente al cambio climático, para mejorar el agua y los alimentos, para progresar en sanidad y educación y para producir energía sostenible. Será esencial para mantener nuestra coexistencia en un planeta cada vez más poblado.

Los procesos de innovación que se usarán se han vuelto cada vez más complejos. Han evolucionado desde las actividades de empresarios del siglo XVIII como Josiah Wedgwood, a la organización formal de la investigación interna en el siglo XIX iniciada por Thomas Edison y hasta los grandes departamentos corporativos de I+D de mediados y finales del siglo XX en el que trabajó Stephanie Kwolek. Hoy en día, la innovación involucra a múltiples agentes en redes distribuidas que se apoyan en nuevas tecnologías y con una intensificación agudizada de los cinco modelos descritos en el capítulo 2: el empuje procedente de la ciencia, la detección y cobertura de la demanda, una coordinación mejor entre todos los agentes que contribuyen a la innovación dentro de las organizaciones y con sus colaboraciones externas, y una integración y conexión estratégicas mejoradas a través de las tecnologías digitales.

Las claves para la innovación en el futuro radicarán en la capacidad de las organizaciones para promover la creatividad y para tomar las decisiones y opciones que les permitan estar bien preparadas, informadas y conectadas. Radicarán en la capacidad de los individuos y equipos empresariales para detectar las oportunidades, asumir riesgos y crear nuevas hazañas. Las numerosas fuentes de ideas (empleados, empresarios, equipos de I+D, clientes, proveedores y universidades) generarán continuas oportunidades para innovar. El desafío estriba en fomentar, seleccionar y configurar las mejores ideas que lancen. Serán cruciales comportamientos como el afán por explorar y experimentar, jugar con las ideas y la fortaleza y el empeño para verlas convertidas en innovaciones útiles.

Empresas

Cuando las economías y tecnologías son cambiantes y volátiles, aumenta el valor de la capacidad de las empresas para aceptar e implementar ideas radicales y rompedoras. Esto se convertirá en todo un desafío (véase la figura 10). En estas circunstancias, las mejores estrategias son las experimentales y dinámicas y las que logran un equilibrio razonable entre la explotación de las ideas ya existentes y la exploración de otras nuevas. Estas estrategias se fundamentan en

Figura 10. Algunos desafíos de la innovación tal vez se queden para siempre con nosotros.

inversiones continuas en capital humano y en investigación y tecnología.

La innovación, en palabras de Lou Gerstner, antiguo CEO de IBM, debe introducirse como un engranaje más en el ADN de la organización. El rendimiento de personas y equipos innovadores excepcionales debería premiarse, pero las responsabilidades y oportunidades para innovar son de todos.

Las inversiones continuas en I+D y la capacidad de asimilación que generan seguirán siendo cruciales, al igual que la capacidad para comerciar y negociar con el conocimiento dentro de sistemas de innovación. Las conexiones corporativas con fuentes de ideas nuevas requieren asociaciones a largo plazo con universidades de todo el mundo, una integración profunda en ciudades y regiones innovadoras, y la gestión eficaz de tecnologías de la innovación que sirvan de apoyo.

El alcance de los sistemas de innovación aumenta cuando las distinciones tradicionales entre sectores se difuminan porque el conocimiento, los puntos de vista diferentes y las competencias entre sectores se transfieren y combinan para generar propuestas novedosas. Mucha creación de valor en el sector industrial, por ejemplo, proviene de los servicios de diseño. El sector servicios y las universidades mantienen colaboraciones innovadoras. La innovación es una condición indispensable para el éxito en los sectores creativos (como los nuevos medios digitales, el ocio y la publicidad), cuyo contenido es crucial, por ejemplo, para tener productos y compañías de servicios innovadores en telefonía móvil. Los sectores primarios, como la agricultura y la minería, dependen de la innovación para ser más eficientes y para mejorar sus productos, y sus innovaciones en gestión del agua, por ejemplo, tienen aplicaciones más amplias.

Las ideas para innovar en los negocios llegarán de fuentes diversas, y a menudo inesperadas, en combinaciones nuevas e imprevistas. Se necesitarán formas nuevas de gestión del riesgo para supervisar tomas de decisiones más éticas y responsables, y para mejorar el control de riesgos en innovaciones complejas.

Las organizaciones de tamaño pequeño y mediano quizá se conviertan cada vez más en las creadoras de grandes avances tecnológicos gracias a sus ventajas en cuanto a velocidad, flexibilidad y concentración frente a organizaciones más extensas. Comparadas con las compañías grandes que cotizan en bolsa, las pequeñas empresas pueden asumir riesgos inusuales. Y, al no estar tan constreñidas por la rigidez organizativa de las grandes firmas, pueden desarrollar y probar con más facilidad modelos de negocio y procesos novedosos. Las organizaciones pequeñas y medianas combinarán sus ventajas estructurales con la mayor cantidad de recursos que ofrecen las empresas grandes en nuevas formas de redes de innovación y de asociaciones colaborativas. Las organizaciones más grandes experimentarán continuamente para intentar emular los entornos empresariales de unidades más pequeñas. Muchas organizaciones grandes tienden a adoptar estructuras más planas, es decir, con menos niveles jerárquicos. Esto se ve respaldado por la tecnología, que facilita el acceso a la información y mejora la comunicación entre unidades y niveles organizacionales, lo que permite tomar decisiones en niveles más bajos de la organización que en el pasado.

Otra tendencia organizacional futura es la desintermediación, lo que significa que los proveedores y usuarios de servicios mantendrán un contacto directo a través de la tecnología. De este modo, ya hay sitios en Internet dedicados a cambiar divisas internacionales que eliminan la necesidad de realizar estas operaciones en bancos o en los puestos de cambio de divisas de los aeropuertos, con sus abusivos tipos de cambio. Las donaciones benéficas se pueden enviar directamente a personas individuales en lugar de hacerse a través de una organización.

Tal como sabía Edison, la innovación tiene que organizarse de formas acordes con sus objetivos. Los beneficios de la búsqueda de ideas sin límites, donde la casualidad y el azar pueden dar lugar a tantas recompensas, deben equilibrarse con una organización enfocada y dirigida. Es posible que surjan muchas más oportunidades, y deberán tomarse las opciones que configuren y orienten las competencias de cada organización y los recursos que invierten. Una de las cosas más valoradas por las empresas será la capacidad de control estratégico de la innovación que las ayude a tomar esas decisiones.

Instituciones

Gobiernos. Aparte de perseguir las políticas innovadoras comentadas en el capítulo 4 para promover la acumulación y el flujo de innovación, los gobiernos necesitan un alto grado de coordinación con otros organismos: a nivel internacional, regional y local.

El empleo de innovación de cara a abordar muchos problemas contemporáneos requiere más recursos y capacidades de los que pueden reunir países individuales. Algunos desafíos, como el control de las emisiones de gases invernadero, la gestión de la energía nuclear, las regulaciones farmacéuticas, la ciberseguridad y el control del terrorismo, sencillamente no pueden tener soluciones nacionales y deben abordarse en foros internacionales. El equilibrio entre los intereses nacionales propios y la necesidad de adoptar medidas internacionales planteará un desafío cada vez mayor de innovación en el ámbito político. Además, el hecho de que el bienestar social y la prosperidad económica estén regidos cada vez más por el empleo de la creatividad y el conocimiento tendrá implicaciones profundas en las relaciones y diferencias entre naciones. Las desigualdades ya existentes se acentuarán a medida que los países ricos en tecnología, instituciones y organización se aparten cada vez más de los países menos aventajados. Instituciones intergubernamentales deberán controlar e idear políticas para afrontar estos problemas. Muchas decisiones importantes sobre innovación no se toman a nivel nacional, sino cada vez más a través de poderosos gobiernos municipales y regionales que compiten con fuerza entre sí tanto a nivel nacional como internacional para captar inversiones y talento. La experiencia de coordinación y colaboración entre los distintos estamentos de un país también es esencial para una política de innovación eficaz. La privatización en muchos países de entidades que antes eran públicas en el sector de la energía, el transporte y las telecomunicaciones ha eliminado una palanca directa que antes tenían los gobiernos para mejorar la innovación. En lugar de eso, ahora se han creado autoridades reguladoras cuyo papel para fomentar la innovación en el sector privado habrá que explorar y ampliar. Uno de los mayores desafíos de los gobiernos consiste en mantenerse al tanto de los cambios tecnológicos y sus implicaciones, y esto es increíblemente difícil con algunas tecnologías emergentes como la inteligencia artificial. Pero es necesario detectar todas las consecuencias adversas de las tecnologías para poder regularlas con eficacia. Las regulaciones suelen ser condenadas por el sector privado como iniciativas limitadoras, y esto debe preocupar a los gobiernos, pero también pueden estimular la innovación, por ejemplo, si demandan coches con emisiones cero, o cuya energía proceda de fuentes renovables. El papel de los gobiernos es complicado por la forma en que han llegado a difuminarse las fronteras entre lo público y lo privado con la creación de asociaciones entre ambos sectores. Este tipo de organización permite obtener beneficios mutuos que incluyen el acceso a recursos para invertir en innovación que de otro modo no estarían disponibles. Pero la posesión y el control de bienes y conocimientos de innovación se rigen a veces por diferentes incentivos que pueden crear tensiones entre los intereses privados y el interés público. La política pública de innovación debe formularse sobre la base de un compromiso profundo con la empresa, y entendiendo las ventajas y desventajas de las aportaciones que puede generar. Se puede desencadenar mucha innovación si los entes públicos permiten el acceso a los datos que atesoran, tras su tratamiento pertinente de cara a que sean anónimos, para que los empresarios y organizaciones creen productos y servicios imaginativos.

Hay inmensas oportunidades futuras para la innovación por parte de las instituciones públicas. Entre ellas figuran, por ejemplo, tecnologías para la salud y el bienestar usando dispositivos de monitorización, o teléfonos móviles para realizar diagnósticos médicos desde casa y efectuar un seguimiento a los pacientes de más edad sin necesidad de ingresar en un hospital. La telemedicina se utiliza en Australia para ofrecer servicios sanitarios a comunidades remotas. En India, se envían equipos móviles a aldeas pobres, donde se realizan diagnósticos a través de conexiones electrónicas con hospitales urbanos, lo que ofrece un nivel de atención sanitaria al que la pobreza rural no tenía acceso con anterioridad. La inteligencia artificial se puede usar para predecir cuándo ocurrirá alguna crisis, por ejemplo, anticipando hambrunas ante la previsión de malas cosechas y permitiendo el envío preventivo de ayuda. Como parte de sus aportaciones a la innovación, los gobiernos tienen la oportunidad de usar nuevas tecnologías que ofrecen medios para una inclusión y participación mayor de la ciudadanía en la toma de decisiones sobre el diseño y la oferta de servicios que demandamos. El lanzamiento de propuestas para crear nuevos centros de salud a través de tecnologías virtuales antes de su construcción real, por ejemplo, permitirá el envío de sugerencias por parte de profesionales de la salud y de pacientes de cara a mejorar los proyectos.

Uno de los ámbitos más relevantes de la actuación política es el de la toma de decisiones del gobierno para invertir en innovaciones que contribuyan a la prosperidad futura. Ningún país cuenta con los recursos necesarios para innovar en todos los terrenos, y hay que encontrar un equilibrio entre todas las demandas que compiten por recursos escasos. Los gobiernos deben establecer criterios sofisticados con el fin de decidir ante los «grandes desafíos» que tienen por delante, al mismo tiempo que garantizan que se invierte lo necesario en una variedad amplia de ámbitos, para dejar opciones abiertas y permitir que cada país absorba ideas útiles desarrolladas en otros lugares. La decisión de en qué priorizar, y en qué no, precisa debates amplios con grupos empresariales, sociales y medioambientales, y un debate público bien informado para lograr un consenso sobre los desafíos del futuro.

La importancia de la innovación para el gobierno, y las dificultades a la hora de crear las conexiones necesarias y tomar buenas decisiones, requieren una capacidad amplia y profunda de desarrollar una gestión política innovadora. Esto favorece que se entienda la importancia y el carácter de la innovación en todo el aparato del gobierno, y contribuye a desarrollar una estrategia global. Una apreciación mayor de las aportaciones y dificultades que conlleva la innovación ayudará a resolver la altísima aversión al riesgo que impera en la administración pública. Dada su naturaleza más amplia, más dispersa y más inclusiva, las políticas públicas requieren mejores métodos para medir la innovación, es decir, ir más allá de los indicadores parciales y a menudo engañosos como el gasto en I+D y el número de patentes, y para ello se necesitan nuevas estrategias y habilidades. Herramientas tales como el análisis de redes sociales se pueden usar, por ejemplo, para medir cómo cambian los patrones de conectividad. La actuación política debe reconocer que la innovación supone un desafío continuo que carece de «soluciones» simples. A medida que evoluciona surgen cuestiones nuevas y las políticas deben ir cambiando para darles respuesta.

Universidades. Las universidades son ejes centrales de las zonas con un crecimiento económico más rápido del mundo. Investigan para descubrir y cada vez resuelven más desafíos grandes y complejos enlazando conocimientos en centros multidisciplinares e internacionales. El interés científico se vincula cada vez más a las necesidades sociales acuciantes, y esto se aprecia en su labor en el campo de la biomedicina, en áreas como la biología sintética, la bioingeniería y la ciencia de la nutrición, y en su estudio de problemas severos, como la resistencia microbiana. Sus ofertas formativas han aumentado y ya no solo preparan a los alumnos para que se conviertan en líderes y profesionales del futuro, sino también para trabajos y tareas que aún se desconocen. Aparte de promover la innovación a través de sus investigaciones y enseñanzas, las universidades invierten en el intercambio de conocimientos y en el flujo de ideas hacia el exterior. Deberían valorar las numerosas oportunidades que ofrece la colaboración para crear y transferir nuevos servicios formativos y de investigación, e ir más allá de un modelo restringido de «transferencia de tecnología» en forma de protección formal de la propiedad intelectual, concesiones y empresas *start-up*. Sus estrategias tendrán que encontrar múltiples maneras de colaborar con todas las partes interesadas de empresas, gobiernos y sociedad y, sin embargo, continuar rigiéndose por los valores académicos. Forman y emplean a gente capaz de trabajar de maneras diversas en investigación, empresas y gobiernos, y crean conexiones entre las distintas partes de los sistemas de innovación, animadas por la movilidad de graduados ampliamente capacitados y reforzadas por el uso de tecnologías digitales.

Las universidades tienen una función permanente en la producción de herramientas e instrumentos de investigación a gran escala con el fin de que la ciencia y la ingeniería fomenten el descubrimiento y el análisis de datos, de permitir que la gente explore materias desconocidas y de ver y medir las cosas que otros no pueden. Aportan liderazgo en la formulación de los estándares comunes que necesitan los innovadores para contribuir a lanzar nuevos productos y servicios en sectores dinámicos. Siembran la aparición de nuevas actividades e industrias.

Una de las funciones más importantes de la universidad a la hora de apoyar la innovación es la aportación de un «espacio de ensayo» y laboratorios colaborativos para interacciones distendidas, de conversaciones profundas y continuas, y su contribución a generar ideas y probarlas en empresas, gobiernos y la sociedad. Los investigadores seguirán trabajando con todo el rigor académico y la independencia de su disciplina, pero a través de esas conversaciones muchos empezarán a sentirse cómodos como miembros de equipos amplios dedicados a la exploración de conexiones interdisciplinarias y de las consecuencias sociales y económicas de su trabajo. Por su elevada competencia en la aportación de las estructuras físicas y organizativas y de los incentivos para el reconocimiento académico y el desarrollo profesional, las universidades deberán explorar espacios y métodos mejores de cara a invocar y premiar ese compromiso.

Innovación innovadora

Igual que en la época de Wedgwood, la innovación resultará de las mezclas de ideas, pero esas ideas se encuentran cada vez más diseminadas y dispersas por todo el globo, y para integrarlas contaremos cada vez más con la ayuda de la tecnología. Tal como supo ver Wedgwood, la innovación combina consideraciones del «lado de la oferta» (es decir, sobre las fuentes de innovación, como la investigación y los desarrollos tecnológicos) y un análisis profundo de la demanda del mercado. Los innovadores inteligentes se dedican a comprender los patrones cambiantes de consumo, así como los valores y las normas que rigen las decisiones a la hora de adquirir productos y servicios innovadores. Estos patrones están afectados por la globalización y son de naturaleza fluida. Una generación proclive a un consumo excesivo, con independencia de cuáles sean sus costes reales, puede ser reemplazada por otra más preocupada por la sostenibilidad. Las nuevas tecnologías tienen la capacidad de introducir cada vez más agentes que contribuyan a la innovación, como comunidades de usuarios, pero también es necesario conocer mejor sus motivaciones y cómo pueden usarse con más eficacia sus energías y sus observaciones.

La estrategia para innovar en compañías de cualquier tamaño y sector tiene que ir más allá de los laboratorios corporativos de I+D que dieron lugar al descubrimiento de Stephanie Kwolek. Debe tener en cuenta las oportunidades que surjan de lugares inesperados, los niveles elevados de incertidumbre y la gran complejidad, donde el aprendizaje organizacional a través de la colaboración es clave para la supervivencia y el crecimiento. Las limitadas mediciones y la contabilidad financiera utilizada por las empresas en el pasado (como el rendimiento del capital y los informes trimestrales para los accionistas) deberán complementarse con indicadores más significativos para la innovación y la resistencia organizacional. ¿Cuál es, por ejemplo, el valor de las opciones de futuro que tienen las organizaciones haciendo investigación? ¿Qué innovaciones se están explorando y desarrollando con potencial para responder de grandes partes de la organización en diez o veinte años? ¿Cómo ha mejorado la capacidad de la organización para aprender a través de las inversiones en investigación? ¿Cuál es el valor de ser un colaborador de confianza, un empleador ético y un productor sostenible?

El pensamiento económico se beneficia de planteamientos evolutivos que ven el riesgo, la incertidumbre y el fracaso en innovación como algo normal, y que nos alejan de sistemas lineales y planificados con el fin de llevarnos hacia otros abiertos, adaptativos y altamente conectados. El valor de las ideas y del aprendizaje se considera el motor más importante para el crecimiento económico y la productividad. La relevancia de la exploración de nuevas combinaciones interdisciplinares entre ciencia, arte, ingeniería, ciencias sociales, humanidades y empresas es apreciada; y se hace hincapié en la necesidad de contar con mecanismos y competencias para crear conexiones a través de fronteras organizacionales, profesionales y disciplinarias. Se pone atención en mejorar las conexiones y el funcionamiento de los sistemas de innovación y de las ecologías evolutivas de las organizaciones. Estas ecologías pueden dar lugar a combinaciones nuevas inimaginables: la antropología puede informar sobre la producción y distribución local de energía; la filosofía puede influir en el diseño de circuitos semiconductores; el estudio de la música puede repercutir en la prestación de servicios financieros.

Las tecnologías de la innovación potencian la innovación. La instrumentación de billones de dispositivos y sensores incrustados en el mundo físico aportan la cantidad inconcebible de datos disponibles con el fin de que los usen las nuevas tecnologías del diseño en el mundo virtual para crear y mejorar los productos y servicios que queremos y para intensificar las experiencias que deseamos.

La innovación tiene que ofrecer productos y procesos que no sean dañinos y que mejoren el medioambiente. La innovación y el desarrollo sostenible tendrán que convertirse en las dos caras de una misma moneda. Muchos desafíos relacionados con la sostenibilidad (el cambio climático, la gestión de los recursos hídricos, la agricultura modificada genéticamente, el tratamiento de residuos, la protección del ecosistema marino y la pérdida de biodiversidad) son persistentes y no tienen una solución completa, por lo que no existe un conjunto claro de alternativas y queda poco margen para el ensayo-error. Se caracterizan por certezas contradictorias entre protagonistas, y las estrategias para afrontarlos implican adaptar en lugar de resolver, y buscar lo viable, no lo óptimo. Las lecciones extraídas del estudio de la innovación se pueden aplicar para tratar estos problemas persistentes, como facilitar, estructurar y gestionar la cooperación, la conectividad, el control de riesgos y el análisis de las alternativas, así como utilizar herramientas de colaboración, como las tecnologías de redes sociales. Además, el empleo de las tecnologías de la innovación puede ayudar a desarrollar modelos y simulaciones de las consecuencias de las decisiones que se tomen, y sus capacidades de visualización facilitan la comunicación y la participación informada de diversas partes para contribuir a una toma de decisiones participativa.

Se están desarrollando más innovaciones «inclusivas», en tanto que surgen de «abajo arriba» en lugar de hacerlo de «arriba abajo», lo que capacita a la gente que aborda problemas económicos o sociales concretos para trazar y diseñar sus propias soluciones de cara a resolverlos. Los teléfonos inteligentes, las redes de banda ancha, la computación en la nube y la cadena de bloques (o *blockchain*, una herramienta que guarda información de forma segura en un registro compartido de bloques de información en la nube) se están combinando para crear una plataforma barata de alcance universal accesible por primera vez a miles de millones de las personas más pobres del planeta. Están surgiendo aplicaciones *(apps)* que, por ejemplo, informan a habitantes de suburbios y agricultores rurales pobres sobre precios de mercado, disponibilidad del agua y servicios médicos.

Un ejemplo de innovación que puede contribuir a la inclusividad es el advenimiento del dinero digital accesible a través de teléfonos móviles. Es una tecnología que desplaza las transacciones económicas del mundo físico al digital, y que puede ayudar a acabar con la división entre quienes pueden y quienes no pueden participar en transacciones económicas formales. Los 6.000 millones de móviles que hay aproximadamente en uso en el planeta implican que casi todo el mundo, ricos y pobres por igual, tiene ahora acceso a dispositivos móviles. Sin embargo, menos de 2.000 millones de los 7.000 millones de personas que conforman la población mundial tienen cuenta bancaria, de modo que la inmensa mayoría de la gente está excluida del sistema bancario. Los bancos y las compañías de servicios financieros están usando las tecnologías móviles para permitir transacciones con dinero digital a millones de personas por primera vez en la historia. La disponibilidad de microfinanciación a través del teléfono móvil permite llegar a áreas rurales y pobres donde no hay sucursales bancarias o cajeros automáticos, y permite a los desfavorecidos de antaño participar en el conjunto de la economía. Ahora la gente puede pagar a otras personas pequeñas cantidades de dinero usando móviles baratos. El dinero digital aliviará la pesadez de bregar con la burocracia, como las incesantes esperas para pagar recibos o tener que ir en persona a realizar una transacción, lo que aporta el gran recurso del tiempo.

Para usar y aprovechar estas tecnologías se necesita una identidad digital. A través de su proyecto de identificación única, India pretende asignar a cada residente un número único de doce dígitos que se guardará en una base de datos centralizada y se enlazará con información demográfica y biométrica básica. Este proyecto ya ha registrado a más de 1.000 millones de personas y, entre otros beneficios para los pobres y desfavorecidos, les da acceso por primera vez a numerosos servicios públicos y del sector privado. Mientras que los gobiernos tienen la posibilidad de usar estas tecnologías para ahorrar dinero y ofrecer una gestión pública mejor, la sociedad se enfrenta a problemas de seguridad y privacidad de datos que, si están planteando un desafío considerable al mundo desarrollado, no digamos ya a quienes usan la tecnología digital por primera vez.

Automatización y el futuro del trabajo

La relación entre la innovación y la automatización es importante para el futuro del trabajo y para algunos de los temas que más nos preocupan, como el aumento de la desigualdad. Hay opiniones muy dispares sobre la repercusión de las nuevas formas de automatización, como la inteligencia artificial y los robots. Algunas consideran que presagian un futuro de distopía dominado por un desempleo masivo y por trabajos absurdos y sin ninguna cualificación; otras creen que ofrecen la liberación definitiva de tareas serviles y peligrosas, lo que permitiría realizar trabajos más creativos y trascendentes. La empresa de servicios profesionales PwC calcula que el PIB global podría ser hasta un 14 % más alto en 2030 como consecuencia de la inteligencia artificial (el equivalente a 15.700 billones de dólares más), lo que ofrecería una nueva oportunidad comercial masiva.

Tiene sentido retomar la consideración de Schumpeter que contempla la innovación como un proceso

de destrucción creativa. Pongamos el caso de los vehículos autónomos o los coches sin conductor. Más de
1,2 millones de personas mueren en las carreteras del
mundo cada año, y el motor de combustión interna es
una gran fuente de contaminación. La nueva tecnología de coches eléctricos y sin conductor puede reducir
considerablemente esta masacre humana y ambiental,
y puede dar lugar a nuevos sectores empresariales y
trabajos en campos como la programación informática, la visualización y la producción y el almacenamiento de baterías. Pero conducir camiones, furgonetas y
taxis es uno de los grandes sectores de empleo, y la
industria del motor que fabrica y mantiene los vehículos que funcionan con gasolina es un elemento crucial
de muchas economías nacionales y locales. Las nuevas
tecnologías digitales podrían inducir un incremento
masivo del desempleo entre quienes tengan dificultad
para encontrar un trabajo alternativo, lo que provo-
caría una agitación social inmensa. Al mismo tiempo,
también podrían servir para reconfigurar el trabajo,
de tal modo que los conductores controlasen varios
vehículos a la vez y de forma remota, lo que crearía
nuevos tipos de trabajos. Los vehículos autónomos son
un ejemplo de la idea de Schumpeter de que la innovación crea y destruye al mismo tiempo. El progreso
social a partir de la innovación exige reforzar sus aspectos creadores y aplacar los destructores.

Hay muchos análisis serios de las consecuencias
destructivas de la automatización, y algunas estimaciones sostienen que en 2030 estarán en riesgo hasta
la mitad de todos los trabajos actuales. PwC calcula
que hasta diez millones de trabajos en Reino Unido,
el 30 % del empleo, podría peligrar a comienzos de la
década de 2030. La automatización afecta con toda

claridad a las tareas manuales rutinarias y repetitivas, y sectores como el transporte, la industria y la venta al por mayor se consideran en alto riesgo, pero también hay otros amenazados. El uso creciente de procesos automatizados, como el aprendizaje de máquinas, está afectando a sectores que incluyen la banca, seguros y la abogacía. La máquina aprende a partir de patrones detectados en cantidades inmensas de datos, y desarrolla sus propias reglas sobre cómo interpretar información nueva, de modo que es capaz de resolver problemas y de aprender con muy poca intervención humana. Su inteligencia estriba en convertir información sin ninguna estructura en conocimiento útil. El aprendizaje de máquinas se está usando, por ejemplo, en reclamaciones a aseguradoras, declaraciones tributarias automatizadas, y en causas judiciales penales. Muchos profesionales, como contables, juristas, asesores o médicos, están preocupados por los cambios en su actividad profesional.

Destacados científicos y empresarios, como Stephen Hawking y Elon Musk, han mostrado gran preocupación por la repercusión de la inteligencia artificial, y sobre todo por los elementos de ella que son autónomos, los que no están supervisados por humanos. Ambos han expresado sus temores ante un mundo en el que la inteligencia artificial se vuelva tan poderosa que la gente deje de desarrollar ideas tan rápido como las máquinas. La duda está en cómo promover lo positivo de estas innovaciones y cómo atenuar lo negativo.

Las máquinas que son capaces de aprender pueden ayudar a la humanidad a tomar decisiones mejores. Demis Hassabis, un pionero de la inteligencia artificial, cree que la tecnología ayudará a la sociedad a salvar el medioambiente, a curar enfermedades, a explorar el universo y también a conocernos mejor a nosotros mismos como humanos. Las computadoras incrementaron la velocidad y redujeron los costes del cálculo, y la inteligencia artificial y el aprendizaje de máquinas puede aumentar la velocidad y reducir el coste de la predicción y el descubrimiento. Esto es especialmente útil con información imperfecta y fragmentaria, y con problemas de alta complejidad, como el tratamiento del cambio climático o la cura de la enfermedad de Alzheimer. Hay oportunidades para utilizar el aprendizaje de máquinas junto con la toma de decisiones humanas en circunstancias de alta impredecibilidad y de considerable interacción social y personal.

Es importante que la automatización del futuro se use para reforzar el discernimiento humano, y no para reemplazarlo. La inteligencia artificial y el aprendizaje de máquinas pueden dar mejor información a médicos sobre sus pacientes mediante el análisis de resultados obtenidos a partir de pruebas diagnósticas por imágenes y de sangre, por ejemplo, frente a inmensas poblaciones de datos, así como a preparar diagnósticos y tratamientos personalizados, pero el control de las decisiones siempre deberá recaer sobre profesionales médicos bien informados. Las respuestas de las máquinas no deberían aceptarse a menos que puedan explicar cómo han llegado a sus conclusiones y puedan ser evaluadas por gente experta. Además, a medida que el aprendizaje de máquinas capta el estado del conocimiento existente, refleja cómo están las cosas, pero no cómo podrían o cómo deberían ser. Los usuarios de estas tecnologías deben conocer sus limitaciones y saber cómo podrían verse restringidas ideas y ambiciones futuras por sesgos en los datos existentes y por confiar demasiado en lo que se sabe en el momento presente. Sigue siendo crucial la contribución de consideraciones éticas, de empatía, de simple decencia humana y de sentido común a cualquier solución que provenga de máquinas.

La intuición y el juicio humanos deberán tener un papel importante y fomentarse de manera continua. Los humanos tienen una capacidad brillante para usar el ojo de la mente para imaginar cosas y conexiones imposibles de ver en el mundo digital. Tal como dijo Karl Marx, el arquitecto se diferencia de la abeja en que el ser humano ve en su imaginación antes de crear en la realidad. Es difícil concebir cómo podría la inteligencia artificial idear el *Guernica* de Picasso, escribir *Orgullo y prejuicio* o componer *La flauta mágica*. Tal como declara un estudio sobre el impacto del aprendizaje de máquinas y la automatización para la Oficina Ejecutiva del presidente de Estados Unidos, la inteligencia artificial «aún no es capaz de replicar la inteligencia social o general, la creatividad o el discernimiento humanos», y en el futuro «proliferarán los empleos que requieran destreza manual, creatividad, o relaciones e inteligencia sociales, y conocimiento general». Un informe redactado para el primer ministro de Reino Unido sobre el futuro del trabajo concluye que la automatización y la inteligencia artificial

solo pueden funcionar como facilitadores efectivos de la productividad humana si su diseño tiene totalmente en cuenta las aspiraciones, la autonomía, el comportamiento y las limitaciones humanas. Esta es una oportunidad real para garantizar que la automatización refuerza la experiencia laboral en lugar de hacerla redundante.

La obra *Rise of the Robots* [«El ascenso de los robots»], de Martin Ford, dibuja una imagen inquietante de la repercusión de la automatización en el trabajo. Pero de nuevo aparece un elemento positivo. Los robots necesitan que alguien los fabrique, precisan instalaciones, capital y mano de obra. Se usan cantidades inmensas de robots en tareas de montaje en las fábricas, lo que mejora la calidad y la eficiencia en muchos trabajos repetitivos y agotadores. Los trenes mineros automatizados y los vehículos agrícolas sin conductor, que en esencia son robots, están mejorando la productividad en la extracción de minerales y en la agricultura. Los robots ofrecen prótesis que responden a señales neurológicas, y ayudan a los ancianos proporcionándoles asistencia con dignidad. También pueden utilizarse para realizar tareas difíciles y peligrosas. Los robots se usan en operaciones quirúrgicas porque son precisos, altamente estables (no les tiemblan las manos) y son capaces de aportar información adicional al cirujano a través, por ejemplo, de la realidad aumentada allí donde la realidad se complementa con contenido generado por computadora sobre la enfermedad de un paciente. Y en temas de seguridad, ¿por qué arriesgar una vida humana para apagar un incendio, para reparar tuberías de gas en funcionamiento o para desactivar una bomba si un robot puede hacer el trabajo?

El proceso de destrucción creativa está ocurriendo en corrientes continuas de innovaciones. Se están desarrollando tecnologías extraordinarias de automatización que afectarán a la vida cotidiana. Drones para entregar paquetes justo después de una compra; traducción de idiomas en tiempo real; robots capaces de limpiar y planchar prendas de ropa; nuevos materiales de impresión 3D... La lista es interminable. Algunas de estas tecnologías supondrán grandes ventajas, otras tendrán resultados mixtos, muchas se perderán en la insignificancia. Su difusión y repercusión, su capacidad para crear y para destruir, resultarán de la interacción con una variedad descomunal de factores económicos, sociales, culturales y políticos. El éxito no solo dependerá de su precio y valor intrínseco para la gente, sino de regulaciones gubernamentales y cambios en conductas personales, grupales y en actitudes sociales. Volviendo a los automóviles sin conductor, se necesitan normas nuevas para responder, por ejemplo, a la pregunta de quién es responsable si el vehículo choca: ¿el fabricante del coche, el proveedor de los programas informáticos o el pasajero? Se necesitarán comportamientos nuevos si cada vez hay más coches que se intercambian, se comparten o se producen bajo demanda, y si disminuye el estatus de tener un coche particular en propiedad, algo tan importante para muchos.

La aceptación social de la innovación es mayor cuando beneficia a la sociedad en su conjunto, en lugar de, por decir algo, beneficiar tan solo a la comunidad empresarial. La inteligencia artificial y el aprendizaje de máquinas progresarán más cuando sus defensores hagan algo más que promocionar sus tecnologías inteligentes y su repercusión en la productividad. Cobrarán más significado e infundirán más confianza cuando, por ejemplo, la gente vea sus ventajas para predecir y, por tanto, para ayudar a evitar problemas que pueden afectar a todo el mundo, como enfermedades, adicciones o atascos de tráfico. La cadena de bloques (*blockchain*), como herramienta que guarda información en la nube y no en un sistema centralizado supervisado por una gran compañía como un banco, ha sido crucial para el desarrollo del dinero digital, como los Bitcoins, pero en el momento presente solo es significativa para una minoría de personas. En cambio, el atractivo más general de la cadena de bloques es que permite a los individuos acceder a sus registros personales de un modo controlado tan solo por ellos mismos. Cuando se use para guardar contraseñas o registros financieros personales o documentos importantes de un modo completamente seguro e inmediatamente accesible, esta tecnología tendrá una difusión más amplia. Uno de los desafíos más abrumadores a los que se enfrenta la sociedad en la era de la tecnología digital es la amenaza de la ciberdelincuencia y el ciberterrorismo. La prioridad debe situarse en el desarrollo de las capacidades de las tecnologías que refuercen la seguridad, como la cadena de bloques *(blockchain)* y la computación cuántica.

Para atenuar la vertiente destructora de la automatización se necesitarán también nuevas iniciativas sociales imaginativas. El trastorno que sufrirán sectores enteros exigirá políticas nuevas para reciclar y tal vez reubicar a los trabajadores afectados. La reducción de empleos básicos en campos como la contabilidad y la abogacía, que tal vez sean repetitivos pero requieren una preparación que es útil, afectará de un modo desproporcionado a la gente joven. Hacen falta estrategias nuevas para preparar a los jóvenes y hay que considerar en serio un salario social con el que las personas reciban ingresos por el hecho de ser ciudadanas y no por estar empleadas. Los sistemas de aprendizaje y preparación deben reajustarse para ofrecer una formación continua y para que la gente cree empresas o desempeñe profesiones por cuenta propia, en lugar de prepararla para trabajar siempre para otra persona. Hay que otorgar más valor social a las profesiones asistenciales, que requieren empatía para asistir a los ancianos y a los enfermos. Se necesitarán regímenes tributarios nuevos para pagar estos ajustes, que podrían abarcar desde la propuesta de Bill Gates de gravar los robots con un impuesto, hasta una consideración mayor del impuesto de sucesiones para remediar las desigualdades permanentes. Además, existe la necesidad acuciante de que el desarrollo de la tecnología esté dirigido e influido por un rango amplio de participantes, que incluya tanto la gente que la usará como la que se verá afectada por ella. Es evidente que esto requiere una diversidad mayor entre los especialistas y, en especial, más mujeres que aporten sus capacidades creativas y colaborativas.

Personas

¿Cómo influiremos personalmente en la forma en que está cambiando la innovación? Ya sea como trabajadores en el sector público o privado, como miembros de colectivos sociales o como miembros del grupo, ¿cómo podemos desarrollar y usar la innovación de una forma más inteligente? ¿Qué impacto tendrá la inteligencia artificial en nuestra forma de vivir, de trabajar, de jugar y de innovar? ¿Reemplazará o aumentará las capacidades humanas? El aumento de la cultura tecnológica mejorará sin duda nuestra eficacia dentro de un mundo masivamente conectado. Pero también tendremos que ser más capaces de promover la creatividad, de afrontar los cambios, de comunicarnos

187

entre fronteras y de llevar ideas a la práctica. Necesitaremos intuición y criterio, tolerancia y responsabilidad ética, diversidad de intereses y sensibilidades interculturales. Nuestras capacidades para reflexionar sobre ideas nuevas, para juguetear con ellas, para verificarlas y convertirlas en prototipos, y ponerlas a prueba, implementarlas y llevarlas a la práctica, deben estar equilibradas. Nuestro escepticismo y capacidad crítica deberían estar siempre presentes para cuestionar la afirmación «así son las cosas». Reclamaremos los incentivos que disfrutaron los trabajadores del laboratorio de Edison, aunque tal vez sin echar tantas horas agotadoras de trabajo o sin miedo al «revividor de cadáveres». De hecho, a partir de la riqueza creada con nuestro saber esperamos satisfacción laboral en lugares de trabajo enriquecedores, proclives a la diversidad, que encajen con nuestro estilo de vida, nuestras circunstancias familiares y nuestras elecciones. Deberíamos garantizar que los inventores e innovadores que tanto aportan (los Stephanie Kwolek del planeta) reciban un reconocimiento similar al que disfrutan hoy las estrellas del deporte y los artistas de cine.

La innovación es un proceso incesante que conlleva una incertidumbre continua sobre su éxito y su fracaso. Puede ser tan inquietante como gratificante. Lo bien que respondamos a ella depende de lo abiertos de mente y lo cooperativos que seamos, de lo dispuestos que estemos a asumir riesgos, y de que dejemos espacio a lo insólito y trabajemos con otros que piensan de forma distinta a la nuestra. Todo ello estará influido por la cultura de las organizaciones y la calidad de líderes capaces de reconocer que la estabilidad laboral y la tolerancia del fracaso son cruciales para la innovación, que nadie tiene todas las respuestas, que el progreso es siempre colaborativo y que el buen nombre se construye a base de la modestia en la proclamación de los logros, por un lado, y de la profesionalidad en la ejecución de las tareas, por otro.

Los resultados de la innovación no siempre son beneficiosos, y sus consecuencias a menudo no pueden predecirse. Cuando se añadió plomo a la gasolina se resolvió el problema del traqueteo del motor, pero esto dejó un legado medioambiental desastroso. La talidomida reducía las náuseas matutinas de las madres gestantes, pero causó malformaciones en los bebés. El peligroso divorcio entre acción y consecuencia se vio con claridad en la crisis financiera global de 2008-2009, tras la introducción de innovaciones financieras sin ningún control ni contrapeso, y sin tener en cuenta sus implicaciones. La inquietud por las consecuencias de las innovaciones tiene que ser algo primordial para quienes aspiren a introducirlas, y los diseñadores de nuevas tecnologías deben dar prioridad a las formas en que puedan aumentar el trabajo humano relevante, en lugar de reemplazarlo.

Las cantidades masivas de datos personales de los que disponen otras personas, corporaciones y el Estado también multiplican las responsabilidades de quienes diseñan y gestionan la innovación. La innovación en el uso de la información, y en otros ámbitos como la genética, requiere consideraciones éticas profundas, prácticas transparentes y responsables, y regulaciones vigilantes y con capacidad de respuesta. Las tecnologías para crear simulaciones, modelos y realidad virtual ofrecen oportunidades inmensas para mejorar los procesos de innovación, pero su uso responsable depende de las capacidades y el juicio de gente conocedora de la teoría y el arte de esas profesiones y gremios. La innovación requiere que la gente esté informada y vigilante, y precisa una actuación responsable por parte de empleados, clientes, proveedores, colaboradores, miembros de equipos y la ciudadanía en general. Andrew Grove, fundador de Intel, dijo que en nuestro mundo incierto solo sobrevive el paranoico, pero serán los entendidos e informados, no los desconfiados y temerosos, quienes nos llevarán a buen puerto. Immanuel Kant dijo que la ciencia es conocimiento organizado; la sabiduría es vida organizada. El futuro de la innovación (cuando fluyan sus beneficios y se reduzcan sus costes) radica en la sabia organización del conocimiento.

Referencias bibliográficas

W. Abernathy y J. Utterback, «Patterns of Industrial Innovation», *Technology Review* 80(7) (1978),

N. Baldwin, *Edison: Inventing the Century* (Nueva York: Hyperion Books, 1995).

W. Baumol, *The Free-Market Innovation Machine: Analyzing the Growth Miracle of Capitalism* (Princeton, NJ: Princeton University Press, 2002).

M. Boden, *The Creative Mind: Myths and Mechanisms*, 2.ª ed. (Londres: Routledge, 2004). Versión en castellano: *La mente creativa. Mitos y mecanismos*; Barcelona: Gedisa, 1994; trad. de José Ángel Álvarez.

E. Brynjolfsson y A. McAfee, *The Race Against the Machine* (Londres: Digital Frontier Press, 2011). Versión en castellano: *La carrera contra la máquina*; Barcelona: Antoni Bosch Editor, 2013; trad. de Julio Viñuela Díaz.

T. Burns y G. Stalker, *The Management of Innovation* (Londres: Tavistock Publications, 1961).

H. Chesbrough, *Open Innovation: The New Imperative for Creating and Profiting from Technology* (Cambridge, MA: Harvard Business School Press, 2003).

C. M. Christensen, *The Innovator's Dilemma: When New Technologies Cause Great Firms to Fail* (Boston, MA: Harvard Business School Press, 1997). Versión en castellano: *El dilema de los innovadores*; Buenos Aires: Granica, 1999; trad. de Jorge Gorn.

L. Dahlander y D. Gann, «How Open is Innovation», *Research Policy* 39(6) (2010), 699-709.

A. Davies, D. Gann y T. Douglas, «Innovation in Megaprojects: Systems Integration in Heathrow Terminal 5», *California Management Review* 51(2) (2009), 101-125.

M. Dodgson, D. Gann, S. MacAulay y A. Davies, «Innovation Strategy in New Transportation Systems: The Case of Crossrail», *Transportation Research Part A: Policy and Practice* 77 (2015), 261-275.

M. Dodgson, D. Gann y A. Salter, «The Role of Technology in the Shift Towards Open Innovation: The Case of Procter & Gamble», *R&D Management* 36(3) (2006), 333-246.

M. Dodgson, D. Gann y A. Salter, «"In Case of Fire, Please Use the Elevator": Simulation Technology and Organization in Fire Engineering», *Organization Science* 18(5) (2007), 849-864.

M. Dodgson, D. Gann, I. Wladawsky-Berger, N. Sultan y G. George, «Managing Digital Money», *Academy of Management Journal* (artículo invitado) 58(2) (2015), 325-333.

M. Dodgson y L. Xue, «Innovation in China», *Innovation: Management, Policy and Practice* 11(1) (2009), 2-6.

Executive Office of the President, Artificial Intelligence, Automation, and the Economy (Washington, DC: Executive Office of the President, 2016).

G. Fairtlough, *Creative Compartments: A Design for Future Organisation* (Londres: Adamantine Press, 1994).

M. Ford, *Rise of the Robots: Technology and the Threat of a Jobless Future* (Londres: Basic Books, 2015).

C. Freeman y C. Pérez, «Structural Crises of Adjustment: Business Cycles and Investment Behaviour», en G. Dosi, C. Freeman, R. Nelson, G. Silverberg y L. Soete (eds.), *Technical Change and Economic Theory* (Londres: Pinter, 1988).

L. Gerstner, *Who Says Elephants Can't Dance: Inside IBM's Historic Turnaround* (Nueva York: Harper Business, 2002).

A. B. Hargadon, *How Breakthroughs Happen: The Surprising Truth about How Companies Innovate* (Cambridge, MA: Harvard Business School Press, 2003).

C. Helfat, S. Finkelstein, W. Mitchell, M. Peteraf, H. Singh, D. Teece y S. Winter, *Dynamic Capabilities: Understanding Strategic Change in Organizations* (Malden, MA: Blackwell, 2007).

R. Henderson y K. B. Clark, «Architectural Innovation: The Reconfiguration of Existing Product Technologies and the Failure of Established Firms», *Administrative Science Quarterly* 35(1) (1990), 9-30.

C. Kerr, *The Uses of the University* (Cambridge, MA: Harvard University Press, 1963).

R. K. Lester, *The Productive Edge* (Nueva York: W. W. Norton & Co., 1998).

B. A. Lundvall (ed.), *National Innovation Systems: Towards a Theory of Innovation and Interactive Learning* (Londres: Pinter, 1992).

F. Malerba, *Sectoral Systems of Innovation: Concepts, Issues and Analyses of Six Major Sectors in Europe* (Cambridge: Cambridge University Press, 2004).

K. Marx, *El capital*, tomo 1 (Madrid: Siglo XXI de España Editores, 2007); trad. y notas de Pedro Scaron.

A. Millard, *Edison and the Business of Innovation* (Baltimore, MD: Johns Hopkins University Press, 1990).

R. Nelson y S. Winter, *An Evolutionary Theory of Economic Change* (Cambridge, MA: Belknap Press, 1982).

R. Nelson (ed.), *National Innovation Systems: A Comparative Analysis* (Nueva York: Oxford University Press, 1993).

D. F. Noble, *Forces of Production: A Social History of Industrial Automation* (Nueva York: Oxford University Press, 1986).

C. Paine, *Who Killed the Electric Car?* (Documental visual) (California: Papercut Films, 2006).

R. Parmar, I. Mackenzie, D. Cohn y D. Gann, «The New Patterns of Innovation», *Harvard Business Review* 92(1-2) (2014), 86-95.

J. Quinn (2003), «Interview with Stephanie Kwolek», *American Heritage of Invention and Technology* 18(3) (2003) <http://www.americanheritage.com>.

E. M. Rogers, *Diffusion of Innovations*, 4.ª ed. (Nueva York: The Free Press, 1995).

R. Rothwell, C. Freeman, A. Horley, V. Jervis, Z. Robertson y J. Townsend, «SAPPHO Updated-Project SAPPHO, Phase II», *Research Policy* 3 (1974),258-291.

Royal Society, *Hidden Wealth: The Contribution of Science to Service Innovation* (Londres: Royal Society, 2009).

Royal Society of Arts, *Good Work: The Taylor Review of Modern Working Practices* (Londres: Royal Society of Arts, 2017).

K. Sabbagh, *Twenty-First-Century Jet: The Making and Marketing of the Boeing 777* (Nueva York: Scribner, 1996).

J. A. Schumpeter, *The Theory of Economic Development: An Inquiry into Profits, Capital, Credit, Interest and the Business Cycle* (Cambridge, MA: Harvard University Press, 1934). Versión en castellano: *Teoría del desen-*

volvimiento económico: Una investigación sobre ganancias, capital, crédito, interés y ciclo económico, 2.ª ed.; México: Fondo de Cultura Económica, 1997; trad. de Jesús Prados Arrarte.

J. A. Schumpeter, *Capitalism, Socialism and Democracy* (Londres: George Allen & Unwin, 1942). Versión en castellano: *Capitalismo, socialismo y democracia*: Volumen I; Barcelona: Página Indómita, 2015; trad. de José Díaz García y Alejandro Limeres.

S. Smiles, *Josiah Wedgwood: His Personal History* (Londres: Read Books, 1894).

A. Smith, *An Inquiry into the Nature and Causes of the Wealth of Nations* (Londres: Ward, Lock and Tyler, 1812). Versión en castellano: *La riqueza de las naciones* (Libros I-II-III y selección de los libros IV y V); Madrid: Alianza Editorial, 1994; trad. de Carlos Rodríguez Braun.

D. Stokes, *Pasteur's Quadrant: Basic Science and Technological Innovation* (Washington, DC: Brookings Institution Press, 1997).

D. J. Teece, «Profiting from Technological Innovation: Implications for Integration, Collaboration, Licensing and Public Policy», *Research Policy* 15 (6) (1986), 285-305.

J. Uglow, *The Lunar Men: Five Friends Whose Curiosity Changed the World* (Nueva York: Farrar, Straus and Giroux, 2002).

J. M. Utterback, *Mastering the Dynamics of Innovation: How Companies Can Seize Opportunities in the Face of Technological Change* (Boston, MA: Harvard Business School Press, 1994).

J. Womack, D. Jones y D. Roos, *The Machine that Changed the World: The Story of Lean Production* (Nueva York: Harper, 1991).

195

J. Woodward, *Industrial Organization: Theory and Practice* (Londres: Oxford University Press, 1965).

Lecturas complementarias

Sobre Josiah Wedgwood:

M. Dodgson, «Exploring New Combinations in Innovation and Entrepreneurship: Social Networks, Schumpeter, and the Case of Josiah Wedgwood (1730–1795)», *Industrial and Corporate Change* 20 (4) (2011), 1119-1151.

Sobre Joseph Schumpeter:

T. McGraw, *Prophet of Innovation: Joseph Schumpeter and Creative Destruction* (Cambridge, MA: Harvard University Press, 2007).

Sobre el proceso de innovación y las formas en que se organiza, gestiona y cambia:

M. Dodgson, D. Gann y A. Salter, *Think, Play, Do: Technology, Innovation and Organization* (Oxford: Oxford University Press, 2005).

M. Dodgson, D. Gann y A. Salter, *The Management of Technological Innovation: Strategy and Practice* (Oxford: Oxford University Press, 2008).

M. Dodgson, D. Gann y N. Phillips (eds.), *The Oxford Handbook of Innovation Management* (Oxford: Oxford University Press, 2014).

M. Dodgson (ed.), *Innovation Management: Critical Perspectives on Business and Management.* Volumen 1: Foundations; Volumen 2: Concepts and Frameworks; Volumen 3: Important Empirical Studies; Volumen 4: Current and Emerging Themes (Londres: Routledge, 2016).

Sobre la economía de la innovación:

J. Fagerberg, D. Mowery y R. Nelson (eds.), *The Oxford Handbook of Innovation* (Oxford: Oxford University Press, 2005).

J. Foster y J. S. Metcalfe (eds.), *Frontiers of Evolutionary Economics* (Cheltenham: Edward Elgar, 2003).

Sobre la historia de la innovación:

D. Edgerton, *Shock of the Old: Technology and Global History Since 1900* (Londres: Profile Books, 2006).

N. Rosenberg, *Inside the Black Box: Technology and Economics* (Cambridge: Cambridge University Press, 1982).

Sobre estrategias de innovación:

M. Schilling, *Strategic Management of Technological Innovation* (Nueva York: McGraw-Hill/Irwin, 2005).

Sobre emprendimiento:

G. George y A. Bock, *Inventing Entrepreneurs: Technology Innovators and their Entrepreneurial Journey* (Londres: Prentice Hall, 2009).

Sobre la repercusión de la inteligencia artificial:

PwC *(s.d.)*, «Sizing the prize», <www.pwc.com/gx/en/issues/data-and-analytics/publications/artificial-intelligence-study.html> (último acceso, 1 de junio de 2019).

Datos sobre resultados internacionales de I+D e innovación:

National Science Foundation, «Science and Engineering Statistics» <www.nsf.gov/statistics>.

Organización para la Cooperación y el Desarrollo Económicos (OCDE), «Science, Technology and Patents», Portal de estadísticas: <www.oecd.org>.

Índice alfabético